ABC de la Administración

Estrategias y principios bíblicos para administrar eficazmente
Dr. Miguel Ramírez

ISBN: 978-0-9823282-6-2

Corrección de estilo: Beatriz González Castro
Re-diseño de portada: Miguel Angel Sánchez Carreón
Fotografía: Julio Splinker F.
Asesor editorial: Armando Carrasco Z.

Publicado por:
Editorial Mies
Dr. Miguel Ramírez
mies2@hotmail.com
Cel. 333 722 25 70

Impreso y distribuido por *Ingram Book Company*

Si no se indica otro origen para esta traducción las citas bíblicas (en **negritas**) pertenecen a: **La Santa Biblia**® Versión Reina-Valera (RV) Revisión de 1960

Ninguna parte de este libro se puede reproducir, almacenar en ningún sistema, o transmitir en ninguna forma electrónica, mecánica, fotocopia, grabación o por cualquier otro método, sin permiso escrito del autor.

© 2017 Miguel Ramírez

SERIE ABC de la Administración

Estrategias y principios bíblicos para administrar eficazmente

SEMILLAS DE AYUDA PERSONAL

SEMILLAS DE AYUDA PASTORAL

DR. MIGUEL RAMÍREZ

Dedicatoria

Al Rev. David Grams, Fundador de ISUM Internacional, quien fuera mi primer profesor de Administración, y que al final me motivó a poner en práctica mi proyecto administrativo que presenté. Su motivación y apoyo me llevó a la creación del SEBIBE (Seminario Bíblico Berea) y con eso descubrí mi pasión por la enseñanza y la educación.

Al Rev. Sam Balius, Fundador de la Facultad de Teología de las Asambleas de Dios, que me enseñó con su ejemplo a amar la educación en toda su expresión, y me dio un consejo personal que aplico a mis estudios y que pongo en práctica en cada uno de mis proyectos, "Deja de estudiar teología cuando tu fe se vea en duda, pero profundiza en ella todos los días".

Agradecimientos

Al SEBIBE (Seminario Bíblico Berea), que fue el primer experimento administrativo dentro del área ministerial.

A la CMC (Cruzada Misionera Continental), que fue donde se exponenció el proceso administrativo y en donde en solamente 4 años llegamos a más de 23 mil estudiantes, en sus tres diferentes programas CCM (Centro de Capacitación Ministerial), EBE (Escuela Bíblica por Extensión) y SAM (Seminario de Actualización Ministerial).

Al ISUM (Instituto de Superación Ministerial) que fue la primer Institución que me retó a aprender el Proceso Administrativo y a ponerlo en práctica.

A UNELA (Universidad Evangélica de las Américas), que me dio la oportunidad de cursar la Licenciatura en Administración de los Recursos Eclesiásticos con énfasis en Pastoral.

A la Facultad de Teología, Institución que marcó mi vida con la convivencia ministerial de casi toda América Latina.

ÍNDICE

SECCIÓN I
LA ADMINISTRACIÓN PASTORAL — 19
    La importancia de la administración pastoral — 19
    Definiciones de administración — 21
    Los que administran — 23
    El cuadrilátero ministerial — 34
    Los objetivos de la administración — 36

SECCIÓN II
FUNDAMENTOS BÍBLICOS DE LA ADMINISTRACIÓN — 41
    Ejemplos de la administración en el Antiguo Testamento — 41
    Ejemplos de la administración en el Nuevo Testamento — 46

SECCIÓN III
LIDERAZGO Y ADMINISTRACIÓN — 53
    El liderazgo en el Nuevo Testamento — 53
    Características de un líder — 59
    Cómo dirigir. El líder es un hombre entregado a una causa — 66
    Cómo celebrar una mejor reunión — 69
    El líder como administrador — 72
    Administrándose a usted mismo — 74
    La conducción compartida — 86
    Estilos de liderazgo — 92

SECCIÓN IV
LA ADMINISTRACIÓN DEL TIEMPO — 97
    Formas de considerar el tiempo — 99
    ¡Creando un nuevo hábito! — 107
    Un sistema particular — 109
    ¿Cómo mantener bajo control a los cuatro mayores consumidores de tiempo (I)? — 112
    ¿Cómo mantener bajo control a los cuatro mayores consumidores de tiempo (II)? — 115
    Reservando tiempo para estar solo — 117
    El sistema de charolas — 119
    Forma de registro del tiempo — 121

Forma de planificación semanal	123
Formato de un calendario mensual de actividades	124
Dominando el arte de decir "No"	125
Un plan de diez puntos para la administración del tiempo	127
El arte de la delegación (I)	130
El arte de la delegación (II)	132
El arte de la delegación (III)	134
Sugerencias prácticas que facilitan una delegación exitosa.	136

SECCIÓN V
CONOZCA EL PROCESO ADMINISTRATIVO — 149

SECCIÓN VI
LA PLANIFICACIÓN — 153

Planificación	153
Oración	155
Objetivos administrativos	155
Procedimientos	156
Calendario de actividades	157
Presupuestos	158

SECCIÓN VII
LA ORGANIZACIÓN — 159

La organización	159
Los organigramas	160
Descripción de trabajo	163
Cómo delegar	165

SECCIÓN VIII
LA DIRECCIÓN — 169

La dirección abarca	169
La motivación	170
Cómo dirigir. El líder es un hombre entregado a una causa	174
Características de un líder para persuadir a otros	176
Relaciones humanas	179
La comunicación	184
Los recursos y su aprovechamiento	185
La toma de decisiones	185

SECCIÓN IX
CONTROL O EVALUACIÓN — 187
    Definición de control — 187
    Ejemplos bíblicos de control — 188
    Cómo mejorar la técnica de supervisar — 191
    Elementos palpables necesarios para un buen control — 194
    Los cuatro aspectos de la evaluación del personal — 194
    Problemas — 196
    Pasos para resolver los problemas — 197

    Epílogo — 201
    Glosario — 203
    Bibliografía — 205

¿EL PASTOR ES LA CLAVE O EL CLAVO?

Introducción

Corría el año de 1988, eran finales de Octubre, cuando viajaba hacia la hermosa ciudad de Guatemala, fueron casi 24 horas de viaje en autobús, y me hospedé en la terminal y de ahí caminé a la Av. Bolívar para inscribirme en el Seminario I del ISUM, porque en el mes de Junio había estudiado el seminario II, así que para ponerme al corriente había que tomar este seminario.

Fue increíble la experiencia que viví, con profesores como David Gómez quien impartía la materia de Psicología Pastoral, y David Grams quien fuera Director Fundador del ISUM Internacional dándome la materia de Administración Pastoral; el tener esa convivencia con compañeros de casi todo Centro América fue por demás motivadora, fueron cuatro semanas intensas de clases, tareas, proyectos, y convivencia con consiervos y compañeros de milicia.

En la materia de Administración Pastoral, como trabajo final nos dejaron un proyecto en donde se nos pedía aplicar los cuatro pasos del proceso administrativo: Planificación, Organización, Dirección y Control o Evaluación.

Recuerdo que en mi mente y corazón estaba constantemente un pensamiento, "capacitación de obreros, pastores y líderes para cumplir la gran comisión". Así que eso me llevó a presentar el proyecto del SEBIBE (Seminario Bíblico Berea). Fue increíble el desarrollo de ese proyecto. Pero lo más increíble fue cuando el profesor Grams me entregó el proyecto calificado, este llevaba una nota por demás retadora e inspiradora… "Miguel, ponga en práctica ese proyecto, le va a dar muchos resultados y satisfacciones, es un proyecto de Dios". Esa nota, me motivó e inspiró de tal manera, que en el mes de febrero lo presenté en la Asamblea General Anual de ICUOAX (Iglesias Cristianas Unidas de

Oaxaca, A.R.) y dicho proyecto fue aprobado por Unanimidad.

Lo que me sorprendió sobremanera fue cuando la Directiva Nacional, acordó por unanimidad que nadie mejor que yo para dirigir el proyecto, ya que era un proyecto que Dios había puesto en mi mente y en mi corazón.

Se acordó que el SEBIBE, debería iniciar funciones en el periodo escolar de 1990, así que teníamos exactamente 17 meses para comenzar esa gran aventura. En ese momento era realmente donde iniciaba el verdadero trabajo, poner en acción el proyecto que estaba en papel.

Se inició la planeación, la búsqueda del lugar, el desarrollo de las materias del programa, la búsqueda del equipo ministerial, el material y los recursos económicos, **¡Wow!** cada uno de ellos fue un gran reto. Jorge Canto y Gamaliel Góngora, viajaron desde Mérida Yucatán, más de 30 horas para ayudarme a desarrollar el plan de curso de cada materia del programa.

Por fin en Septiembre de 1990 iniciamos clases en el SEBIBE, en Animas Trujano, Oaxaca. Pero el proceso administrativo se seguía repitiendo en cada materia impartida, en cada semestre programado, en la recaudación de fondos, en la búsqueda de donadores, en la programación de cada ciclo escolar, y hasta en la primera graduación.

Después de casi 10 años y como resultado de esta hermosa experiencia, la CMC (Cruzada Misionera Continental) precedida por Norman y Darío Parish, me invitó a reabrir el CCM (Centro de Capacitación Ministerial). En Enero del 2000 estábamos reabriendo el CCM en la ciudad de Guatemala, iniciando con estudiantes de 5 diferentes países, hasta llegar a tener estudiantes de 12 naciones diferentes al mismo tiempo.

Para el 2002 fui nombrado Director del Programa Educativo Internacional, donde supervisaba, capacitaba y enseñaba a pastores, líderes y estudiantes en 19 diferentes países, a través de 3 programas diferentes, el CCM (Centro de Capacitación Ministerial), la EBE (Escuela Bíblica por Extensión) y el SAM (Seminario de Actualización Ministerial).

Para el 2004, teníamos más de 32 mil estudiantes en los 19 diferentes países que coordinábamos, formamos un equipo administrativo increíble, con educadores de la talla de Abraham Aguilar, Julio Rivera, Martín Calderón, Edgar Melchor, Beverly Chambers, Esperanza Morales (mi esposa) y yo, y el proceso administrativo seguía desarrollándose en su máxima expresión.

En medio de este proceso y con todas estas responsabilidades, aprendí a programar todo, hasta mi vida personal y familiar, ya que para ese entonces estaba estudiando la Maestría en Teología, tenía dos hijos adolescentes, mi amada esposa y unos 22 viajes internacionales por año. Mi mayor recurso era el tiempo; recurso que había que aprovechar al máximo y al que debía sacarle el mayor rendimiento posible. Porque el tiempo no se puede acumular, no se puede regresar, ni tampoco se puede estirar. Es un recurso no renovable.

Ahora escribo libros, doy seminarios, conferencias, talleres, predico, soy esposo, padre, y abuelo, y los cuatro pilares de la administración siguen vigentes en mi vida. Te animo para que en cada una de tus actividades personales, familiares, laborales y ministeriales, apliques los principios básicos de la administración para obtener mejores resultados en cada una de esas áreas. Ya sea que programes un viaje, unas vacaciones, el ahorro, la construcción de una casa, el escribir un libro, o el pasar tiempo con tu familia, en todo esto debes aplicar el proceso administrativo.

Iniciemos este recorrido, planificando, organizando, presupuestando, dirigiendo, calendarizando y evaluando, aprovechando bien el tiempo y desarrollando las capacidades de liderazgo que cada uno de nosotros tiene. Si ya lo haces te afirmará en tus conocimientos, pero si no conoces nada, ***el ABC de la Administración*** te llevará de la mano hasta lograr hacer de ti un administrador en toda la extensión de la palabra.

Con cariño.

Dr. Miguel Ramírez.

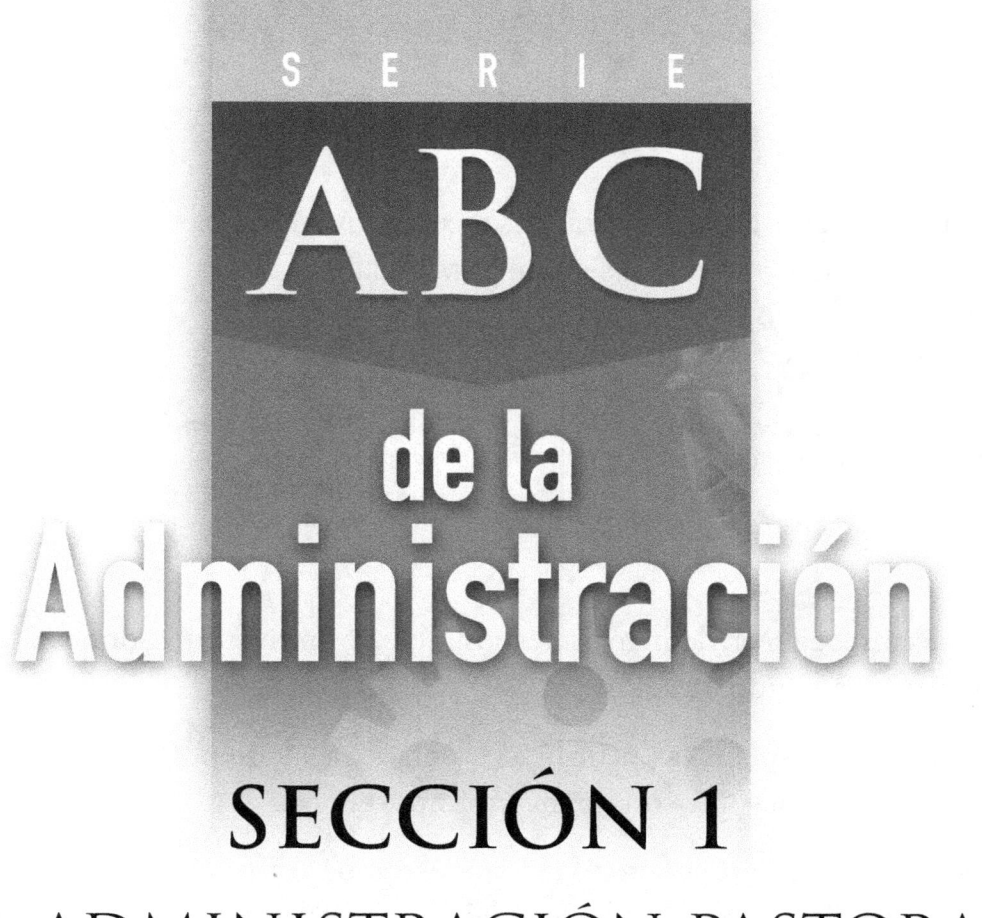

SECCIÓN 1
LA ADMINISTRACIÓN PASTORAL

"Así, pues, téngannos los hombres por servidores de Cristo, y administradores de los misterios de Dios. Ahora bien, se requiere de los administradores, que cada uno sea hallado fiel". 1ª Corintios 4:1-2.

I. La importancia de la administración pastoral.

La administración pastoral es importante porque:

A. Nos conduce al cumplimiento de la gran comisión, ya que el objetivo de la administración cristiana es el cumplimiento del mandato de Mateo 28:19-20 que dice, *"Por tanto, id, y haced discípulos a todas las naciones, bautizándolos en el nombre del Padre, y del Hijo, y del Espíritu Santo; enseñándoles que guarden todas las cosas que os he mandado; y he aquí yo estoy con vosotros todos los días, hasta el fin del mundo. Amén".*

B. Nos permite aprovechar los grandes recursos que Dios ha dado a la Iglesia, como son los ministerios (vea los siguientes versículos).

Efesios 4:11	1ª Corintios 12:28
"Y él mismo constituyó a unos, apóstoles; a otros, profetas; a otros, evangelistas; a otros, pastores y maestros,"	*"Y a unos puso Dios en la iglesia, primeramente apóstoles, luego profetas, lo tercero maestros, luego los que hacen milagros, después los que sanan, los que ayudan, los que administran, los que tienen don de lenguas."*

C. Nos permite ejercer, de manera responsable, los ministerios, dones y habilidades que hemos recibido de Dios.

D. Nos ayuda a respetar las prioridades personales y de la Iglesia, poniendo más interés en aquellas que son de mayor importancia.

E. Nos concientiza en la verdad de que estamos trabajando en la empresa más importante del mundo: La Iglesia del Señor Jesucristo.

F. Ayuda a los líderes a involucrar a todos los hermanos en la obra del ministerio.

En el nuevo testamento, continuamente se habla de este proceso de involucrar a otros en la obra de Dios, por ejemplo en Efesios 4:11 y 12, plantea la necesidad de que los ministerios deben perfeccionar a los santos para que realicen la obra del ministerio.

Efesios 4:11-12	2ª Ti.2:2	
"Y Él mismo constituyo a unos…"	*"Lo que has oído de mi…"*	
"… a fin de perfeccionar a los santos para la obra del ministerio, para la edificación del cuerpo de Cristo,"	*"… esto encarga a hombre fieles que sean idóneos para enseñar también a…"*	
	"… otros".	
(Este proceso debe repetirse cuantas veces sea necesario)		

II. Definiciones de administración.

A. Esta palabra se compone de las siguientes raíces latinas: Ad = a y ministrar = servir.

B. "Es lograr que las cosas sean hechas por otras personas". *(Guillermo Luna).*

C. "Es lograr la organización (Corporación o Iglesia) adoptando los objetivos y planes". *(Enciclopedia Británica).*

D. "Organizar y coordinar la acción". *(Enciclopedia Británica).*

E. "Es prever, organizar, mandar, coordinar y controlar". *(Henry Fayol).*

F. "Es un proceso social que lleva consigo la responsabilidad de plantear y regular en forma eficiente la operación de una empresa, para lograr un propósito dado" *(E. F. Brech).*

Para ayudarle a comprender la Administración, siga las indicaciones siguientes:

1. Observe detenidamente la siguiente ilustración.

2. Lea Nehemías 2:17. *"Les dije, pues: Vosotros veis el mal en que estamos, que Jerusalén está desierta, y sus puertas consumidas por el fuego; venid, y edifiquemos el muro de Jerusalén, y no estemos más en oprobio"*. Esta ilustración representa el liderazgo de Nehemías y su esfuerzo por reconstruir los muros de la ciudad de Jerusalén.

3. Imagine todas las actividades que realizó Nehemías antes y después de la reconstrucción. Lea Nehemías 2:11-20. *"Llegué, pues, a Jerusalén, y después de estar allí tres días, me levanté de noche, yo y unos pocos varones conmigo, y no declaré a hombre alguno lo que Dios había puesto en mi corazón que hiciese en Jerusalén; ni había cabalgadura conmigo, excepto la única en que yo cabalgaba. Y salí de noche por la puerta del Valle hacia la fuente del Dragón y a la puerta del Muladar; y observé los muros de Jerusalén que estaban derribados, y sus puertas que estaban consumidas por el fuego. Pasé luego a la puerta de la Fuente, y al estanque del Rey; pero no había lugar por donde pasase la cabalgadura en que iba. Y subí de noche por el torrente y observé el muro, y di la vuelta y entré por la puerta del Valle, y me volví. Y no sabían los oficiales a dónde yo había ido, ni qué había hecho; ni hasta entonces lo había declarado yo a los judíos y sacerdotes, ni a los nobles y oficiales, ni a los demás que hacían la obra. Les dije, pues: Vosotros veis el mal en que estamos, que Jerusalén está desierta, y sus puertas consumidas por el fuego; venid, y edifiquemos el muro de Jerusalén, y no estemos más en oprobio. Entonces les declaré cómo la mano de mi Dios había sido buena sobre mí, y asimismo las palabras que el rey me había dicho. Y dijeron: Levantémonos y edifiquemos. Así esforzaron sus manos para bien. Pero cuando lo oyeron Sanbalat horonita, Tobías el siervo amonita, y Gesem el árabe, hicieron escarnio de nosotros, y nos despreciaron, diciendo: ¿Qué es esto que hacéis vosotros? ¿Os rebeláis contra el rey? Y en respuesta les dije: El Dios de los cielos, él nos prosperará, y nosotros sus siervos nos levantaremos y edificaremos, porque vosotros no tenéis parte ni derecho ni memoria en Jerusalén.*

4. Escriba sus observaciones en los siguientes espacios:

_____
_____
_____

Ahora, compare sus observaciones con las definiciones de los incisos B, C, D, E y F.

¿Con cuál de ellos concuerda más?
_____
_____

¿Por qué?
_____
_____

III. Los que administran.

". . . Los que administran." 1ª Corintios 12:28.

"Y a unos puso Dios en la iglesia, primeramente apóstoles, luego profetas, lo tercero maestros, luego los que hacen milagros, después los que sanan, los que ayudan, los que administran, los que tienen don de lenguas."

Hoy en día, la obra cristiana confronta grandes desafíos. Estamos viviendo en un mundo en revolución. Hemos oído hablar de la revolución contemporánea como la primera revolución de verdaderos alcances mundiales. En los últimos años la mayor parte del género humano ha adquirido una nueva estructura política. Los viejos moldes, tanto políticos como sociales y económicos están cayendo hechos pedazos. Ideas revolucionarias hierven en la mente de los hombres, pero a pesar de lo difícil y lo crítico de la hora en que vivimos, incluyendo la más absoluta incertidumbre que se ha registrado en la historia, debemos creer a Dios para lograr un adecuado liderazgo espiritual que satisfaga las necesidades de la Iglesia y de un mundo que demanda razón de *". . . la esperanza que hay en vosotros;"* (1ª Pedro 3:15). Esta hora de crisis mundial sin precedentes demanda líderes revolucionarios para Cristo, hombres con una estrategia revolucionaria. El líder cristiano rechaza aceptar el *"statu quo"*. Es la persona dedicada a producir un despertamiento espiritual, moral y social, y con esto en mente dedica su vida a Cristo, comparte el amor de Dios con todos los hombres, en todas partes y enseña a otros a hacer lo mismo. Esta situación del mundo actual caracterizada por el desorden, la incertidumbre, el caos y la corrupción, hace urgente que cada uno de los cristianos, especialmente aquellos que tienen sobre sus hombros la tarea de dirigir a otros, tomen en serio el gran mandato, la gran comisión de nuestro Señor Jesucristo expresada en Mateo 28:18-20, llevando el mensaje *"que cambia vidas"* de Jesucristo hasta los lugares más recónditos de la tierra.

Así mismo, debemos multiplicar nuestra acción mediante la formación de muchos líderes, de hombres, de discípulos que tal como nosotros, compartan con un corazón agradecido la entrega a Cristo y a su causa con la visión de un mundo que perece.

Llevar el evangelio hasta lo último de la tierra y dar la oportunidad a que los nuevos cristianos se conviertan en discípulos de Cristo y eventualmente en dirigentes cristianos, no es tarea fácil. La única forma posible en que este gran mandato puede ser llevado a cabo es como Jesucristo mismo nos enseñó a hacerlo: ganando, edificando y enviando hombres en obediencia a su mandato. En otras palabras, logrando que las cosas sean hechas mediante otras personas, o sea, administrando.

¿Por qué es importante el cumplimiento de la gran comisión como meta en la administración cristiana?

a. En primer lugar, porque es un mandato de Jesucristo mismo, vea Mateo 28:18-20.

"Y Jesús se acercó y les habló diciendo: Toda potestad me es dada en el cielo y en la tierra. Por tanto, id, y haced discípulos a todas las naciones, bautizándolos en el nombre del Padre, y del Hijo, y del Espíritu Santo; enseñándoles que guarden todas las cosas que os he mandado; y he aquí yo estoy con vosotros todos los días, hasta el fin del mundo. Amén."

Sólo esta razón, debería de ser más que suficiente para poner en acción a la cristiandad en cuanto a tomar en serio esa orden, multiplicándose, compartiendo su patrimonio espiritual, llevando esa luz a toda criatura.

b. Es la única razón por la cual la Iglesia está aún sobre la tierra.

c. En tercer lugar, porque el mundo está en crisis. Ésta es la hora para la cual los cristianos hemos sido puestos sobre la tierra. Nunca antes ha habido tantas oportunidades para la Iglesia cristiana de dar a conocer la dinamita de su mensaje, la vigencia y eficacia de la sangre de Cristo, el perdón de pecados, la nueva vida en Cristo y la seguridad de la salvación eterna.

Ciertamente algunos podrán ver esta época como la época de mayores dificultades, pero en el poder del Espíritu Santo y siguiendo las instrucciones del Señor mediante vidas totalmente entregadas a él, estas dificultades son percibidas inmediatamente como oportunidades para ganar multitudes para nuestro salvador.

d. Es importante el cumplimiento de la gran comisión, porque la Iglesia pierde influencia. La secularización y el materialismo han hecho un trabajo demoledor en las filas de la cristiandad. Adicionalmente la explosión demográfica ha hecho que la Iglesia sea absorbida en una gran masa de gente, esto ha hecho que se vaya perdiendo su acción espiritual y social en forma considerable. La Iglesia cristiana se ha enfatizado más en la fase de proclamar y predicar, que en la enseñanza y en la multiplicación de hombres. Existen muchos más elementos y factores que se oponen a la acción de las congregaciones locales, haciendo cada día más difícil su expansión, influencia y crecimiento. Se necesita una estrategia revolucionaria para marchar adelante.

e. La gran comisión ya ha sido cumplida en otras generaciones, como la historia nos ilustra. Grandes países como Inglaterra, Estados Unidos, y aún comunidades enteras dentro de ciertos países, culturas y subculturas, han sido saturados con el Evangelio y un gran número de cristianos han tenido la oportunidad de ser discípulos; luego surgieron dirigentes y misioneros que fueron enviados a otros lugares. Esto mismo puede hacerse hoy. ¡Nunca antes la Iglesia había contado con los modernos medios de comunicación masiva, con la tecnología, la electrónica, los sistemas y los métodos educativos que facilitan la formación de dirigentes y la multiplicación de los discípulos de Cristo! Hoy vemos que aún los eventos deportivos son presentados a millones de televidentes en todos los continentes al mismo tiempo. Muchos otros están logrando cumplir su "comisión" y anualmente alcanzan a la población del mundo con su mensaje. La Iglesia puede rescatar y aprovechar estos recursos mediante la administración.

f. La gran comisión es como un proceso educativo. Sería poco aconsejable suspender el proceso educativo vigente en cada uno de nuestros países, mediante el cual no sólo nosotros hemos recibido el beneficio de la cultura, sino una multitud de personas son capacitadas mediante las escuelas y universidades seculares. Así mismo la tarea de la Iglesia es cumplir la gran comisión de Jesucristo, de ganar, edificar y enviar hombres en cada generación.

¿Qué ocurriría si el día de hoy todas las escuelas y universidades de nuestro país suspendieran sus actividades y cerraran sus puertas? Indudablemente que en muy pocos años las comunidades y los países enteros quedarían reducidos a la ignorancia, en una gran masa de analfabetismo, aislados totalmente de los beneficios de la civilización.

El proceso educativo tiene que repetirse en cada generación. Es pues labor de la Iglesia y de cada uno de sus miembros asegurar que cada persona en su generación tenga la oportunidad de escuchar quién es Cristo y la oportunidad de responder a su llamado. Debemos también ofrecer la oportunidad factible y legítima para que todo nuevo cristiano pueda ser edificado y discipulado para llegar a convertirse en un agente activo en el cumplimiento de la gran comisión.

La Iglesia y las técnicas administrativas modernas.

Por alguna razón los cristianos hemos dividido nuestro mundo y tendemos a pensar que todo aquello que se practica a nuestro alrededor con éxito tal como: disciplinas educativas, métodos, avances tecnológicos, progreso, no deben en ninguna manera influir en la Iglesia. Esa separación ha sido en gran manera perjudicial y se ha reflejado principalmente en la actitud y percepción de los cristianos respecto al mundo que les rodea. Lo cierto es que la palabra de Dios en la misma lista de dones espirituales expuesta en 1ª Corintios 12, nos enseña que el Señor ha designado a unos apóstoles, a otros profetas, a otros evangelistas, a otros administradores.

Indudablemente que la primera responsabilidad del cristiano es administrar todo aquello que constituye su herencia espiritual, pero también tiene que ver con ser buen mayordomo de sus recursos, tiempo y habilidades, para el logro de la meta que Dios propone a la Iglesia en la gran comisión.

El ejercicio de la administración cristiana es algo legítimo en todo hijo de Dios, es totalmente bíblico y hay abundantes ejemplos en el Antiguo Testamento de grandes hombres en la fe, que fueron esencialmente administradores en toda la extensión de la palabra.

Que las técnicas y herramientas que se mostrarán en estas páginas, sean utilizadas por el Señor Jesucristo en la vida de hombres llenos y controlados por el Espíritu Santo, para ayudar a cumplir la gran comisión en todos y cada uno de los países latinoamericanos y de allí al mundo entero.

Copiado de: Guillermo Luna. Hacía una Administración Eficaz. Ed. Betania. 1985. Pp. 9-13

1.- ¿Qué es la administración?

"...los que administran..." 1ª de Corintios 12:28.

Alguien ha dicho que la manera de definir un concepto es mostrando lo que no es. Al respecto de la administración podemos indicar que esto también es verdad, podemos entender mejor en qué consiste, mediante la comprensión de lo que no es. Administración no es hacer las veces de un hombre "orquesta", o sea realizar el trabajo de muchas personas. Tampoco es aquella labor heroica que nos conduce hasta el límite de nuestras fuerzas. Tampoco es "firmar papeles" detrás de un escritorio. El verdadero administrador es un "dirige-personas" y no un "maneja-papeles". O bien, podemos decir que administrar consiste en lograr que las cosas sean hechas mediante otras personas. Lo cual significa que cuando usted hace las cosas por sí mismo no está administrando.

En una manera más completa podemos decir que una actividad o empresa administrada profesionalmente, conlleva a una acción que tiende a asegurar el logro de metas preestablecidas, mediante la continua y consciente dirección del trabajo humano, de acuerdo con los planes de acción específicamente diseñados para el efecto.

Adicionalmente, podemos decir que el administrador es aquel que:

1. Es un perenne de las técnicas administrativas pasadas y presentes.
2. Busca realizar sus funciones de una manera científica y profesional.
3. Domina las técnicas y herramientas de la administración.
4. Está deseoso de "andar en el Espíritu", como su código personal de ética. (Gálatas 5:16-25).

"Digo, pues: Andad en el Espíritu, y no satisfagáis los deseos de la carne. Porque el deseo de la carne es contra el Espíritu, y el del Espíritu es contra la carne; y éstos se oponen entre sí, para que no hagáis lo que quisiereis. Pero si sois guiados por el Espíritu, no estáis bajo la ley. Y manifiestas son las obras de la carne, que son: adulterio, fornicación, inmundicia, lascivia, idolatría, hechicerías, enemistades, pleitos, celos, iras, contiendas, disensiones, herejías, envidias, homicidios, borracheras, orgías, y cosas semejantes a estas; acerca de las cuales os amonesto, como ya os lo he dicho antes, que los que practican tales cosas no heredarán el reino de Dios. Más el fruto del Espíritu es amor, gozo, paz, paciencia, benignidad, bondad, fe, mansedumbre, templanza; contra tales cosas no hay ley. Pero los que son de Cristo han crucificado la carne con sus pasiones y deseos. Si vivimos por el Espíritu, andemos también por el Espíritu."

5. Acepta recompensas por el éxito con humildad y la represión por los fracasos con dignidad.

2.- Tipos de administración.

Administración por controles o medios: Es aquella en la cual NO intervienen directamente los subordinados en la elaboración de las metas y objetivos, en este tipo se procede a asegurar el logro de las metas mediante controles, ya sea que los participantes estén o no enterados de dichas metas.

Administración por objetivos o fines: Ocurre cuando comunicamos a los participantes sin reserva alguna los objetivos de la empresa o compañía que han sido preestablecidos provisionalmente por la administración. Cuando permitimos a los subalternos fijar los objetivos personales que ellos quisieran lograr. Cuando suministramos tanto sistemas apropiados para fijación del objetivo, como los elementos necesarios para facilitar la fijación del mismo.

En general, es una filosofía de guía o conducción que permite esta interacción. Es más bien una actitud de diálogo o interrelación entre los subalternos y la administración.

En una oportunidad le preguntamos a un albañil que colocaba ladrillos en una gran construcción, qué hacía, a lo que él respondió: "Bueno, aquí me encuentro colocando ladrillos". Luego le preguntamos lo mismo a otro obrero que hacía la misma tarea.

Éste respondió: "Heme aquí construyendo una catedral". Esta es la diferencia entre cualquier administración y la administración por objetivos o fines.

Administración por motivación: Aquí la premisa básica es que sin importar que tan adecuado sea el terreno en el que usted trabaje como administrador, o que tan robusta sea la planta que ha sembrado, ésta se secará tarde o temprano si no se cultiva y alimenta adecuadamente. El concepto de administración es que una vez plantado el procedimiento administrativo no podrá perdurar sin una continua y refrescante motivación. El administrador dirige a sus hombres al logro de las metas mediante una continua motivación, mediante la cual estimula, inspecciona, reconoce y premia en un ciclo repetitivo e ininterrumpido. En este libro estaremos recalcando la administración por objetivos o fines, en combinación con los elementos más destacados de la administración por motivación.

No es suficiente hacer las cosas: Aquel que es experto y fructífero en la productividad no es necesariamente eficaz en lograr una alta productividad de otras personas. La administración es una actividad en sí misma y diferente de cualquier otra actividad. Está fundamentada en ciertos principios que responden a un acercamiento ordenado, basado en disciplinas determinadas. Aquel que quiere ser un administrador en toda la extensión de la palabra, deberá ser un estudiante dedicado de los principios de la administración, deberá ser experimentado en el arte de dirigir hombres, deberá dominar las técnicas, deberá practicar las altas normas éticas y morales, y deberá ser un hombre dispuesto a pagar el precio de la autodisciplina.

Un ejemplo: Juan era un excelente operario en la línea de montaje de una importante fábrica de automóviles. Su trabajo consistía en ensamblar una determinada parte en la línea de montaje, cosa que él aprendió a hacer perfectamente en el transcurso de varios años de ejercicio de su responsabilidad. Su jefe, al ver su destacado desenvolvimiento, tomó la decisión de darle un ascenso y le convirtió en jefe de la sección cuya principal responsabilidad era la de dirigir un grupo de dieciséis trabajadores, con trabajos semejantes a los que Juan había desempeñado con éxito. Al poco tiempo de estar dirigiendo el grupo de trabajo en la línea de montaje, Juan se dio cuenta que estaba totalmente desarmado para hacer frente a las responsabilidades que su nuevo puesto le imponía. Ahora tenía que evaluar, motivar, asegurar que las cosas fueran hechas mediante otros hombres. Repetidamente, se dio cuenta que había una gran diferencia entre ensamblar aquella parte del automóvil que él sabía hacer y dirigir a estos dieciséis hombres. Se dio cuenta que necesitaba aprender cómo dirigir a estas personas, cómo motivarlas, cómo premiar sus éxitos y realizaciones, cómo resolver los problemas y cómo aliviar fricciones y tensiones. En otras palabras, se dio cuenta que tenía que aprender a ser un administrador.

Tal vez usted se encuentre en las mismas circunstancias de nuestro amigo Juan. Quizá usted recientemente ha sido promovido de una posición donde hacía su trabajo con plena confianza y desenvolvimiento, a una posición incómoda en la que tiene que lograr que las cosas sean hechas a través de otras personas. Si este es su caso, permítame decirle que ¡Le tengo buenas noticias!

Copiado de Guillermo Luna A. Hacía una Administración Eficaz. Editorial Betania 1985. Pp. 17-20.

Análisis comparativo de estilos de administración de dos organizaciones.

Escoja usted una organización de alto rendimiento y otra de bajo rendimiento. Siguiendo la tabla de características de organización, haga una evaluación del estilo empleado por la organización con relación a cada característica de la tabla. Indique con una "A" en la columna apropiada lo que usted estima, caracterice esa organización de alto rendimiento y con una "B" en el mismo renglón lo que más caracterice la organización de bajo rendimiento. ¿Cuántas veces cae una "B" a la derecha de una "A" en el mismo renglón?

ABC DE LA ADMINISTRACIÓN

	Autoritario Explotador		Autoritario Benévolo		Consultivo		Participante	
	Org. 1	Org. 2	Org. 1	Org. 2	Org. 1	Org. 2	Org. 1	Org. 2
1. Motivación								
a								
b								
c								
d								
e								
2. Comunicación								
a								
b								
c								
d								
e								
3. Interacción								
a								
b								
c								
d								
4. Toma decisiones								
a								
b								
c								
d								
5. Fijar objetivos								
a								
b								
6. Evaluación								
a								
b								
7. Rendimiento								
a								
b								

Las teorías "X" y "Y" de McGregor.

Douglas McGregor, en su libro El aspecto humano de las empresas, (Editorial Diana, 1969), presenta dos modelos del trato que se da al personal y los fundamentos en que descansa cada uno. Al primero lo llama Teoría X, y al segundo lo designa como Teoría Y.

Nos dice que "Detrás de toda decisión o acción ejecutiva hay determinadas ideas sobre la naturaleza y conducta humana" y que "En el fondo de cualquier teoría administrativa del personal existen determinadas suposiciones sobre la motivación humana".

"X"	"Y"
1. "El ser humano ordinario siente una repugnancia intrínseca hacia el trabajo y lo evitará siempre que pueda".	1. "El desarrollo del esfuerzo físico y/o mental en el trabajo, es tan natural como el juego o el descanso".
2. "Debido a esta repugnancia, la mayor parte de las personas tienen que ser obligadas a trabajar por la fuerza, controladas, dirigidas y aún amenazadas con castigos, para que desarrollen el esfuerzo adecuado".	2. "El control externo y la amenaza de castigo, no son los únicos medios de encauzar el esfuerzo humano hacia los objetivos de la organización".
3. "El ser humano común prefiere que lo dirijan, quiere soslayar responsabilidades, tiene relativamente poca ambición, y desea, más que nada, su seguridad".	3. "El ser humano ordinario, si está colocado en circunstancias adecuadas, se habitúa no solo a aceptar, sino aún a buscar nuevas responsabilidades".
	4. "La capacidad de desarrollar en grado relativamente alto la imaginación y la fuerza creadora para resolver los pequeños problemas de la organización, es característica de grandes sectores, no solo de pequeños grupos".
	5. "En la vida..., las potencialidades del ser humano solo se utilizan en muy pequeña parte".

De estos principios se deduce que la base de la Teoría "Y", es la integración, o sea, la creación de condiciones que permitan a los miembros de la empresa realizar mejor sus propios objetivos encaminando sus esfuerzos hacía el éxito de la empresa. Se trata, principalmente, de buscar que se articulen e integren, del mejor modo posible, las necesidades del individuo con las de la organización. *(Extracto de Agustín Reyes Ponce, Administración de Personal, México: Editorial Limusa, 1979, páginas 54 y 55.)*

3. La tarea pastoral y la administración.

¿Qué hace un pastor?, ¿Cuáles son sus actividades?, predica, dirige estudios bíblicos, visita enfermos, ora por sus feligreses, evangeliza, aconseja a personas con problemas, etc. Esto es evidente. Pero hay muchas otras cosas que un pastor hace que no son tan evidentes y sin embargo consumen la mayoría de su tiempo. Nos referimos a actividades tales como: Diseñar planes, entrenar líderes, motivar a la gente, escribir cartas, administrar fondos, planificar actividades, estudiar, delegar responsabilidades, preparar sermones y otras cosas que son tareas administrativas.

Muchos pastores y líderes cristianos no aprecian esta clase de labor. Piensan que estas tareas no son espirituales. Las consideran un mal necesario. Además, según ellos, consumen mucho tiempo que podría ser utilizado para actividades *"más importantes"*. Por esta razón muchos pastores descuidan esta labor o nunca hacen esfuerzos por dominar, ni la teoría, ni la práctica de la administración pastoral.

La Administración deja de ser un mal necesario porque es un ministerio.

A continuación, en una hoja aparte o en su cuaderno, enumere todas las actividades que realiza en el cumplimiento de su ministerio. En seguida, ponga un asterisco (*) al lado de las que son de carácter administrativo.

¿Cuánto tiempo dedica a las tareas administrativas?
___

¿Por qué?
___

4. Las funciones pastorales.

No podemos pensar en la Iglesia como un centro de predicación solamente, como tampoco la percibimos como una mera agencia de desarrollo y bienestar social. La Iglesia es una Institución divinamente establecida para desarrollar en el mundo un programa integral; es decir, una misión cuádruple: Predicar, enseñar, pastorear y administrar.

El líder cristiano, consecuentemente opera en un verdadero cuadrilátero de funciones.

Predicador	Educador
Pastor	Administrador

IV. El cuadrilátero ministerial.

(Por: Wilfredo Calderón).

1. **La predicación:** (*Keribma o Kerigma*). Es la proclamación del Evangelio. La palabra predicador viene de *(keryx)*, heraldo, que era el que comunicaba al pueblo las noticias del reino. La predicación es la tarea por excelencia, encomendada al hombre de parte de Dios.

   Orlando Costas dice: Entre las múltiples responsabilidades del pastor, la que tiene mayor prioridad es la predicación. El énfasis que se le dio a la predicación en la liturgia protestante a partir de la Reforma, hizo que esta se convirtiera en la tarea más importante encomendada al pastor. De ahí que, la mayoría de las Iglesias protestantes miden la eficiencia de un pastor por su éxito como predicador. Sabemos bien que esta manera de medir la eficiencia de un pastor es unilateral; pero exceptuando algunos casos, un buen predicador es también un buen maestro, un buen consejero y un excelente administrador. Especialmente cuando tiene la idea de que la predicación es una tarea multidimensional. Involucra un verdadero proceso comunicativo de proporciones tales, que en él hay elementos espirituales, emocionales, sensoriales y mecánicos.

   Los requisitos personales del predicador según el Dr. J. Broadus son: (1) una vida de santidad, (2) dotes naturales como el raciocinio, los sentimientos, la imaginación, el buen vocabulario y una buena voz, (3) conocimiento de todo, pero mayormente de la palabra de Dios, (4) y la habilidad para preparar y presentar el sermón.

2. **Educar:** Es el segundo ángulo del ministerio cristiano. La enseñanza fue la ocupación característica de Cristo y también de los apóstoles. En la predicación se siembra, en cambio en la enseñanza se cultiva. En 2ª Timoteo 1:11, Pablo dice que él había sido constituido predicador (*Keryx*) y maestro (*Didáskalos*) y al dar las cualidades del obispo, incluye enfáticamente como muy importante la de ser "apto para enseñar" (1ª Timoteo 3:2). La gran comisión es: *"Id, y haced discípulos a todas las naciones... enseñándoles..."* (Mateo 28:19-20). Hacer discípulos en un proceso transformador y vivencial. Por este motivo demanda una serie de pasos.

3. **Pastor (*poimen*):** Es el que capacita. La palabra pastor viene de la misma raíz y los cuadros más expresivos de la verdadera función pastoral, y los encontramos en el Salmo 23 y en el libro de Juan 10. Pastorear es alimentar, confortar, guiar, acompañar y "ungir". Esto último lo hace el pastor porque su cuerno está lleno de aceite. Todo hombre ungido por el Espíritu Santo infunde vida y entusiasmo aún en el valle de sombra de muerte. Las características de Cristo el buen pastor son maravillosas y establecen las metas de todo buen pastor: (1) da su vida por las ovejas; (2) conoce sus ovejas; (3) y las ovejas lo conocen a él.

4. **La administración:** Cierra el cuadro funcional del ministerio. Ganar, educar, consolidar y ocupar es el procedimiento integral de la Iglesia. Ocupar e implementar a las personas en el ministerio que deben de ejercer en la Iglesia, es algo que sólo puede realizarse de forma exitosa cuando se cuenta con la información necesaria sobre la mecánica de la administración y cuando se realiza con efectividad.

¿Cuál de estas funciones es más importante?
_____

¿Por qué?
_____

¿Está usted cumpliendo con un ministerio integral?
_____

¿Por qué?
_____

V. Los objetivos de la administración.

A. Proveer más y mejores líderes para un desarrollo más eficiente de las actividades. ¡Escasez de hombres! Ya lo dijo el cínico filósofo Diógenes en el siglo IV a. C., cuando en plena luz del sol andaba por las calles de la ciudad de Atenas, con una lámpara encendida, alegando que buscaba un *"hombre"*. Otra vez, salía de un balneario y alguien le preguntó si había muchos *"hombres"* adentro, a lo que él respondió: *"Prefiero decir que hay mucha gente"*. Cristo se refirió a la escasez de líderes cuando dijo: *"Los obreros son pocos"*. La falta de verdaderos líderes es la causa de la crisis, tanto empresarial, como eclesiástica. Una agrupación o Iglesia, no pueden ser mejor que sus líderes.

Citaremos las palabras del Dr. Nesman en su libro: "Superación comunal". "Los problemas de las comunidades se producen y existen por la falta de algún elemento. Muchas veces se cree que los problemas existen más por la falta de recursos materiales que por otra cosa. Pero está comprobado que aun con recursos materiales disponibles, no se progresa en la solución de los problemas si no hay líderes".

Con líderes mejores, habrá Iglesias mejores; organizaciones mejores y por lo tanto una mejor sociedad.

Hay tres tipos de líderes:

1º. El que jala la "carreta" por sí mismo y lleva al grupo a donde él quiere.

ABC DE LA ADMINISTRACIÓN

2º. El líder que deja que los demás "jalen" mientras él se sienta cómodamente.

3º. El que instruye y anima a los demás haciéndoles trabajar como si la iniciativa fuera de ellos, nadie piensa que se está haciendo lo que el líder desea, pero en efecto es así.

MUESTRE CÓMO HACER LAS COSAS

Se acepta como un hecho que los dirigentes nacen y se hacen. Hay cualidades que inclinan a una persona más que a otras hacia la dirección de otros. También hay cualidades que se pueden adquirir por medio de los procesos de aprendizaje y de la experiencia.

¿Con cuál de los tres tipos de líder se identifica usted?
_____
_____

¿Por qué?
_____
_____

¿Qué puede hacer para superarse en el liderazgo que el Señor le ha encomendado?

_____
_____

B. Lograr más armonía entre los elementos de la Iglesia o asociación: Se dice que los seres humanos se relacionan con los demás, cooperando, compartiendo o planeando.

La Administración, por medio de una transacción y una distribución equitativa de deberes y privilegios logra la unidad armoniosa por el éxito.

Los factores indispensables para la unidad son:

5. Comunicación entre los individuos;
6. Voluntad de servir, lo cual se puede conseguir por medio de una apropiada comunicación;
7. Un propósito y objetivo común que unifique los esfuerzos de todos.

¿Cómo es la relación entre usted y los miembros de la Iglesia? Explique brevemente.

_____
_____

¿Qué actitudes han afectado la comunicación en su ministerio?

_____
_____

C. Engrandecer y multiplicar los resultados de la labor del grupo: El desarrollo de las comunidades o grupos, depende en gran parte de los administradores ya que para lograr sus objetivos se deben implementar técnicas administrativas adecuadas. "Puede decirse, sin pecar de exceso de simplificación, que no existen países subdesarrollados", solo existen países "insuficientemente administrados". Hace cien años, Japón era un país subdesarrollado en todos los aspectos materiales, pero pronto creó cuerpos administrativos de gran competencia y de superior calidad. En un lapso de 25 años, el Japón de la era Meiji se había convertido en un país desarrollado. Esto significa que la administración es la principal fuerza motriz y que el desarrollo es su consecuencia.

Esta ha sido la experiencia de muchas Iglesias que después de años de estancamiento han sido encomendadas a pastores con habilidades administrativas. En poco tiempo se aparecía el cambio en todo: más asistencia, más actividades, más armonía y por lo tanto más desarrollo espiritual.

PREGUNTAS DE REPASO:

¿Por qué es importante la administración en el ministerio?
_____
_____

¿Se siente motivado para aprender a administrar?
_____
_____

¿Por qué?
_____
_____

¿Qué quiere lograr usted en su ministerio?
_____
_____

¿Cómo puede usted beneficiar a la Iglesia al practicar la administración?
_____
_____

¿Cree usted que es posible lograr un desarrollo espiritual más elevado en su Iglesia?
_____
_____

¿Cómo lo lograría?
_____
_____

Dr. Miguel Ramírez

SECCIÓN 2

FUNDAMENTOS BÍBLICOS DE LA ADMINISTRACIÓN

"Y los bendijo Dios, y les dijo: Fructificad y multiplicaos; llenad la tierra, y sojuzgadla, y señoread en los peces del mar, en las aves de los cielos, y en todas las bestias que se mueven sobre la tierra." Gn.1:28

I. Ejemplos de la administración en el Antiguo Testamento.

La Biblia, que es fuente inagotable de toda sabiduría, abunda en información y ejemplos sobre la organización y el orden en materia administrativa:

1º. En la Creación: Dios muestra su inigualable habilidad administrativa, planteando, ejecutando, organizando y evaluando cada etapa de la creación. La evaluación de su obra (la última etapa administrativa) se halla en las palabras: *"Y vio Dios todo lo que había hecho, y he aquí que era bueno en gran manera."* Génesis 1:31.

Lea Génesis 2:15, "*Tomó, pues, Jehová Dios al hombre, y lo puso en el huerto de Edén, para que lo labrara y lo guardase.*", y responda las siguientes preguntas:

¿Cuáles son las palabras claves de este versículo?
_____
_____

¿Qué responsabilidad le fue dada al hombre?
_____
_____

2º. En el Éxodo: También se aprecian ejemplos de una excelente administración. Encontramos el caso de la agotadora tarea de Moisés, tratando de atender él solo las actividades y problemas del pueblo de Israel. Lea Éxodo 18:13-22, "*Aconteció que al día siguiente se sentó Moisés a juzgar al pueblo; y el pueblo estuvo delante de Moisés desde la mañana hasta la tarde. Viendo el suegro de Moisés todo lo que él hacía con el pueblo, dijo: ¿Qué es esto que haces tú con el pueblo? ¿Por qué te sientas tú solo, y todo el pueblo está delante de ti desde la mañana hasta la tarde? Y Moisés respondió a su suegro: Porque el pueblo viene a mí para consultar a Dios. Cuando tienen asuntos, vienen a mí; y yo juzgo entre el uno y el otro, y declaro las ordenanzas de Dios y sus leyes. Entonces el suegro de Moisés le dijo: No está bien lo que haces. Desfallecerás del todo, tú, y también este pueblo que está contigo; porque el trabajo es demasiado pesado para ti; no podrás hacerlo tú solo. Oye ahora mi voz; yo te aconsejaré, y Dios estará contigo. Está tú por el pueblo delante de Dios, y somete tú los asuntos a Dios. Y enseña a ellos las ordenanzas y las leyes, y muéstrales el camino por donde deben andar, y lo que han de hacer. Además escoge tú de entre todo el pueblo varones de virtud, temerosos de Dios, varones de verdad, que aborrezcan la avaricia; y ponlos sobre el pueblo por jefes de millares, de centenas, de cincuenta y de diez. Ellos juzgarán al pueblo en todo tiempo; y todo asunto grave lo traerán a ti, y ellos juzgarán todo asunto pequeño. Así aliviarás la carga de sobre ti, y la llevarán ellos contigo.*" Y conteste las siguientes preguntas:

¿Cuál fue el consejo de Jetro para Moisés?
_____
_____

ABC DE LA ADMINISTRACIÓN

¿Qué cualidades deberían tener los nuevos líderes?
_____
_____

¿Qué hizo Moisés ante este consejo de su suegro?
_____
_____

¿Funcionó?
_____
_____

¡Cuántos ministerios se encuentran agobiados por todo el peso de la responsabilidad de la Iglesia que tratan de llevar ellos solos! Si delegaran parte de su carga, se aliviarían ellos y el pueblo prosperaría más. Pero para poder delegar es necesario:

a. Aprender a confiar en los demás.

b. Saber seleccionar y capacitar.

c. Saber mandar.

3º. En el Gobierno. Lea Daniel 6:1–28. *"Pareció bien a Darío constituir sobre el reino ciento veinte sátrapas, que gobernasen en todo el reino. Y sobre ellos tres gobernadores, de los cuales Daniel era uno, a quienes estos sátrapas diesen cuenta, para que el rey no fuese perjudicado. Pero Daniel mismo era superior a estos sátrapas y gobernadores, porque había en él un espíritu superior; y el rey pensó en ponerlo sobre todo el reino. Entonces los gobernadores y sátrapas buscaban ocasión para acusar a Daniel en lo relacionado al reino; mas no podían hallar ocasión alguna o falta, porque él era fiel, y ningún vicio ni falta fue hallado en él. Entonces dijeron aquellos hombres: No hallaremos contra este Daniel ocasión alguna para acusarle, si no la hallamos contra él en relación con la ley de su Dios. Entonces estos gobernadores y sátrapas se juntaron delante del rey, y le dijeron así: ¡Rey Darío, para siempre vive! Todos los gobernadores del reino, magistrados, sátrapas, príncipes y capitanes han acordado por consejo que promulgues un edicto real y lo confirmes, que cualquiera que en el espacio de treinta días demande petición de cualquier dios u hombre fuera de ti, oh rey, sea echado en el foso de los leones. Ahora, oh rey, confirma el edicto y fírmalo, para que no pueda ser revocado, conforme a la ley de Media y de Persia, la cual no puede ser abrogada. Firmó, pues, el rey Darío el edicto y la prohibición. Cuando Daniel supo que el edicto había sido firmado, entró en su casa, y abiertas las ventanas de su cámara que daban hacia Jerusalén, se arrodillaba tres veces al día, y oraba y daba gracias delante de su Dios, como lo solía hacer antes. Entonces se juntaron aquellos hombres, y hallaron a Daniel orando y rogando en presencia de su Dios. Fueron luego ante el rey y le hablaron del edicto real: ¿No has confirmado edicto que cualquiera que en el espacio de treinta días pida a cualquier dios u hombre fuera de ti, oh rey, sea echado en el foso de los leones? Respondió el rey diciendo: Verdad es, conforme a la ley de Media y de Persia, la cual no puede ser abrogada. Entonces respondieron y dijeron delante del rey: Daniel, que es de los hijos de los cautivos de Judá, no te respeta a ti, oh rey, ni acata el edicto que confirmaste, sino que tres veces al día hace su petición. Cuando el rey oyó el asunto, le pesó en gran manera, y resolvió librar a Daniel; y hasta la puesta del sol trabajó para librarle. Pero aquellos hombres rodearon al rey y le dijeron: Sepas, oh rey, que es ley de Media y de Persia que ningún edicto u ordenanza que el rey confirme puede ser abrogado. Entonces el rey mandó, y trajeron a Daniel, y le echaron en el foso de los leones. Y el rey dijo a Daniel: El Dios tuyo, a quien tú continuamente sirves, él te libre. Y fue traída una piedra y puesta sobre la puerta del foso, la cual selló el rey con su anillo y con el anillo de sus príncipes, para que el acuerdo acerca de Daniel no se alterase. Luego el rey se fue a su palacio, y se acostó ayuno; ni instrumentos de música fueron traídos delante de él, y se le fue el sueño. El rey, pues, se levantó muy de mañana, y fue apresuradamente al foso de los leones. Y acercándose al foso llamó a voces a Daniel con voz triste, y le dijo: Daniel, siervo del Dios viviente, el Dios tuyo, a quien tú continuamente sirves, ¿te ha podido librar de los leones?*

Entonces Daniel respondió al rey: Oh rey, vive para siempre. Mi Dios envió su ángel, el cual cerró la boca de los leones, para que no me hiciesen daño, porque ante él fui hallado inocente; y aun delante de ti, oh rey, yo no he hecho nada malo. Entonces se alegró el rey en gran manera a causa de él, y mandó sacar a Daniel del foso; y fue Daniel sacado del foso, y ninguna lesión se halló en él, porque había confiado en su Dios. Y dio orden el rey, y fueron traídos aquellos hombres que habían acusado a Daniel, y fueron echados en el foso de los leones ellos, sus hijos y sus mujeres; y aún no habían llegado al fondo del foso, cuando los leones se apoderaron de ellos y quebraron todos sus huesos. Entonces el rey Darío escribió a todos los pueblos, naciones y lenguas que habitan en toda la tierra: Paz os sea multiplicada. De parte mía es puesta esta ordenanza: Que en todo el dominio de mi reino todos teman y tiemblen ante la presencia del Dios de Daniel; porque él es el Dios viviente y permanece por todos los siglos, y su reino no será jamás destruido, y su dominio perdurará hasta el fin. Él salva y libra, y hace señales y maravillas en el cielo y en la tierra; él ha librado a Daniel del poder de los leones. Y este Daniel prosperó durante el reinado de Darío y durante el reinado de Ciro el persa.", y responda las siguientes preguntas:

¿Qué puesto ocupaba Daniel?
_____

¿Desempeñaba bien su cargo?
_____

¿En qué se nota ese desempeño?
_____

En nuestros días ¿Cómo se le llama a ese cargo?
_____

4º. En la casa de Potifar. Lea Génesis 39:1-4.

Llevado, pues, José a Egipto, Potifar oficial de Faraón, capitán de la guardia, varón egipcio, lo compró de los ismaelitas que lo habían llevado allá. Más Jehová estaba con José, y fue varón próspero; y estaba en la casa de su amo el egipcio. Y vio su amo que Jehová estaba con él, y que todo lo que él hacía, Jehová lo hacía prosperar en su mano. Así halló José gracia en sus ojos, y le servía; y él le hizo mayordomo de su casa y entregó en su poder todo lo que tenía.

5º. En la cosecha de Egipto. Génesis 41:37-40,

El asunto pareció bien a Faraón y a sus siervos, y dijo Faraón a sus siervos: ¿Acaso hallaremos a otro hombre como éste, en quien esté el espíritu de Dios? Y dijo Faraón a José: Pues que Dios te ha hecho saber todo esto, no hay entendido ni sabio como tú. Tú estarás sobre mi casa, y por tu palabra se gobernará todo mi pueblo; solamente en el trono seré yo mayor que tú.

Conteste las siguientes preguntas:

¿Qué cargo desempeñaba José?
_____

¿Eran trabajos administrativos? _____ ¿Por qué? _____
_____

Génesis 41:49, *"Recogió José trigo como arena del mar, mucho en extremo, hasta no poderse contar, porque no tenía número."*

¿Cómo logró José recoger tanto trigo?, ¿Quiénes le ayudaron?
_____
_____

Mencione otro ejemplo del Antiguo Testamento en que se muestre el trabajo administrativo:
_____
_____

¿Qué le enseñan a usted estos ejemplos?
_____

¿De qué manera los puede aplicar a su vida y ministerio?
_____

II. Ejemplos de la administración en el Nuevo Testamento.

1º. Pablo: En 1ª Corintios 4:17 y 1ª Timoteo 1:3, se percibe el estilo administrativo del Apóstol al entrenar y enviar a otros, multiplicando así su eficiencia personal. Lea 2ª Timoteo 2:2 y responda:

a. 1ª Corintios 4:17, *"Por esto mismo os he enviado a Timoteo, que es mi hijo amado y fiel en el Señor, el cual os recordará mi proceder en Cristo, de la manera que enseño en todas partes y en todas las iglesias."*

b. 1ª Timoteo 1:3, *"Como te rogué que te quedases en Éfeso, cuando fui a Macedonia, para que mandases a algunos que no enseñen diferente doctrina,"*

c. 2ª Timoteo 2:2, *"Lo que has oído de mí ante muchos testigos, esto encarga a hombres fieles que sean idóneos para enseñar también a otros."*

¿Se ve el proceso administrativo?
_____

¿Por qué? (explique brevemente)
_____

2º. Cristo: Lea las siguientes citas bíblicas.

a. Mateo 9:35-38; *"Recorría Jesús todas las ciudades y aldeas, enseñando en las sinagogas de ellos, y predicando el evangelio del reino, y sanando toda enfermedad y toda dolencia en el pueblo. Y al ver las multitudes, tuvo compasión de ellas; porque estaban desamparadas y dispersas como ovejas que no tienen pastor. Entonces dijo a sus discípulos: A la verdad la mies es mucha, más los obreros pocos. Rogad, pues, al Señor de la mies, que envíe obreros a su mies."*

b. Mateo 10:1-8; *"Entonces llamando a sus doce discípulos, les dio autoridad sobre los espíritus inmundos, para que los echasen fuera, y para sanar toda enfermedad y toda dolencia. Los nombres de los doce apóstoles son estos: primero Simón, llamado Pedro, y Andrés su hermano; Jacobo hijo de Zebedeo, y Juan su hermano; Felipe, Bartolomé, Tomás, Mateo el publicano, Jacobo hijo de Alfeo, Lebeo, por sobrenombre Tadeo, Simón el cananista, y Judas Iscariote, el que también le entregó. A estos doce envió Jesús, y les dio instrucciones, diciendo: Por camino de gentiles no vayáis, y en ciudad de samaritanos no entréis, sino id antes a las ovejas perdidas de la casa de Israel. Y yendo, predicad, diciendo: El reino de los cielos se ha acercado. Sanad enfermos, limpiad leprosos, resucitad muertos, echad fuera demonios; de gracia recibisteis, dad de gracia."*

c. Lucas 9:1-6; *"Habiendo reunido a sus doce discípulos, les dio poder y autoridad sobre todos los demonios, y para sanar enfermedades. los envió a predicar el reino de Dios, y a sanar a los enfermos. Y les dijo: No toméis nada para el camino, ni bordón, ni alforja, ni pan, ni dinero; ni llevéis dos túnicas. Y en cualquier casa donde entréis, quedad allí, y de allí salid. Y dondequiera que no os recibieren, salid de aquella ciudad, y sacudid el polvo de vuestros pies en testimonio contra ellos. Y saliendo, pasaban por todas las aldeas, anunciando el evangelio y sanando por todas partes."*

d. Lucas 10:1-10; *"Después de estas cosas, designó el Señor también a otros setenta, a quienes envió de dos en dos delante de él a toda ciudad y lugar adonde él había de ir. Y les decía: La mies a la verdad es mucha, más los obreros pocos; por tanto, rogad al Señor de la mies que envíe obreros a su mies. Id; he aquí yo os envío como corderos en medio de lobos. No llevéis bolsa, ni alforja, ni calzado; y a nadie saludéis por el camino. En cualquier casa donde entréis, primeramente decid: Paz sea a esta casa. Y si hubiere allí algún hijo de paz, vuestra paz reposará sobre él; y si no, se volverá a vosotros. Y posad en aquella misma casa, comiendo y bebiendo lo que os den; porque el obrero es digno de su salario. No os paséis de casa en casa. En cualquier ciudad donde entréis, y os reciban, comed lo que os pongan delante; y sanad a los enfermos que en ella haya, y decidles: Se ha acercado a vosotros el reino de Dios. Más en cualquier ciudad donde entréis, y no os reciban, saliendo por sus calles, decid:"*

e. Lucas 10:17-20; *"Volvieron los setenta con gozo, diciendo: Señor, aun los demonios se nos sujetan en tu nombre. Y les dijo: Yo veía a Satanás caer del cielo como un rayo. He aquí os doy potestad de hollar serpientes y escorpiones, y sobre toda fuerza del enemigo, y nada os dañará. Pero no os regocijéis de que los espíritus se os sujetan, sino regocijaos de que vuestros nombres están escritos en los cielos."*

f. Mateo 28:18-20. *"Y Jesús se acercó y les habló diciendo: Toda potestad me es dada en el cielo y en la tierra. Por tanto, id, y haced discípulos a todas las naciones, bautizándolos en el nombre del Padre, y del Hijo, y del Espíritu Santo; enseñándoles que guarden todas las cosas que os he mandado; y he aquí yo estoy con vosotros todos los días, hasta el fin del mundo. Amén."*

ABC DE LA ADMINISTRACIÓN

¿El Señor fue un administrador? _____ ¿por qué? _____

_____

¿Qué delegaba? _____

_____

¿Qué organizaba? _____

_____

¿Qué evaluaba? _____

_____

¿Ese ejemplo se debe seguir? _____ ¿por qué? _____

_____

Según Mateo 7:24-29, *"Cualquiera, pues, que me oye estas palabras, y las hace, le compararé a un hombre prudente, que edificó su casa sobre la roca. Descendió lluvia, y vinieron ríos, y soplaron vientos, y golpearon contra aquella casa; y no cayó, porque estaba fundada sobre la roca. Pero cualquiera que me oye estas palabras y no las hace, le compararé a un hombre insensato, que edificó su casa sobre la arena; y descendió lluvia, y vinieron ríos, y soplaron vientos, y dieron con ímpetu contra aquella casa; y cayó, y fue grande su ruina. Y cuando terminó Jesús estas palabras, la gente se admiraba de su doctrina; porque les enseñaba como quien tiene autoridad, y no como los escribas.*

¿Es recomendable la planificación? _____

_____

¿Por qué? _____

_____

¿Cuáles son los beneficios de la planificación? _____

_____

Mencione brevemente qué provecho han traído para usted estos ejemplos:
_____
_____

3°. La Iglesia: Una verdadera empresa administrable.

Una empresa, como la describe el profesor Reyes Ponce, está formada por tres elementos principales:

1º Bienes materiales o el elemento pasivo;
2º Hombres o el elemento activo, y
3º Sistemas o normas de conducta, disciplina y orientación.

La Iglesia está integrada por esos tipos de elementos:

1. Bienes materiales: Todos sabemos que la Iglesia no ambiciona poseer riquezas en este mundo; sin embargo, para el desarrollo de sus múltiples actividades necesita adquirir propiedades inmuebles, edificios, mobiliario, equipos y materiales. La Iglesia también posee ciertos recursos financieros. Los fondos de la Iglesia son finanzas públicas, ya que pertenecen a toda la comunidad cristiana, por lo que se debe administrar con eficiencia.

2. Hombres: El elemento humano es la parte vital de la Iglesia y constituye el factor primario de la administración. Alguien dijo que tratar con gente es la tarea más difícil. Descubrir talentos, prepararlos y ocuparlos en la obra, es una de la labores cumbres del ministerio.

3. Sistemas: La Iglesia posee reglamentos, constituciones y manuales, pero la base de su gobierno y disciplina es la Biblia.

ABC DE LA ADMINISTRACIÓN

¿Cómo administra usted su Iglesia?
_____

¿Por qué? _____
_____

¿Cree que puede mejorar su sistema de administración?
_____

¿Cómo? _____
_____

SERIE ABC de la Administración

SECCIÓN 3

LIDERAZGO Y ADMINISTRACIÓN

"Porque el Hijo del Hombre no vino para ser servido, sino para servir, y para dar su vida en rescate por muchos." Mr.10:45

I. El liderazgo en el Nuevo Testamento.

Líder: Palabra inglesa que significa: El que dirige. Para el cristiano no debe ser sinónimo de superioridad, sino de SERVICIO.

El gran ejemplo de Cristo. Lea Mateo 23:8-12; *"Pero vosotros no queráis que os llamen Rabí; porque uno es vuestro Maestro, el Cristo, y todos vosotros sois hermanos. Y no llaméis padre vuestro a nadie en la tierra; porque uno es vuestro Padre, el que está en los cielos. Ni seáis llamados maestros; porque uno es vuestro Maestro, el Cristo. El que es el mayor de vosotros, sea vuestro siervo. Porque el que se enaltece será humillado, y el que se humilla será enaltecido."*

Marcos 10:42-45; *"Mas Jesús, llamándolos, les dijo: Sabéis que los que son tenidos por gobernantes de las naciones se enseñorean de ellas, y sus grandes ejercen sobre ellas potestad. Pero no será así entre vosotros, sino que el que quiera hacerse grande entre vosotros será vuestro servidor, y el que de vosotros quiera ser el primero, será siervo de todos. Porque el Hijo del Hombre no vino para ser servido, sino para servir, y para dar su vida en rescate por muchos."*

Lucas 22:24-27; *"Hubo también entre ellos una disputa sobre quién de ellos sería el mayor. Pero él les dijo: Los reyes de las naciones se enseñorean de ellas, y los que sobre ellas tienen autoridad son llamados bienhechores; mas no así vosotros, sino sea el mayor entre vosotros como el más joven, y el que dirige, como el que sirve. Porque, ¿cuál es mayor, el que se sienta a la mesa, o el que sirve? ¿No es el que se sienta a la mesa? Mas yo estoy entre vosotros como el que sirve."*

Nos dice que:

1. El mayor será vuestro SIERVO.
2. El Hijo del Hombre vino para SERVIR no para ser servido.
3. Los principios del Reino del mundo se oponen a los principios del Reino de Dios.

Busque en el glosario las siguientes palabras y anótelas en los siguientes espacios:

Enseñorearse: _____

Siervo: _____

Ministro: _____

ABC DE LA ADMINISTRACIÓN

Según el Nuevo Testamento, el liderazgo no es:

1. Un juego político: Aunque los hijos de Zebedeo estaban en este juego según, Marcos 10:35-41; *"Entonces Jacobo y Juan, hijos de Zebedeo, se le acercaron, diciendo: Maestro, querríamos que nos hagas lo que pidiéremos. Él les dijo: ¿Qué queréis que os haga? Ellos le dijeron: Concédenos que en tu gloria nos sentemos el uno a tu derecha, y el otro a tu izquierda. Entonces Jesús les dijo: No sabéis lo que pedís. ¿Podéis beber del vaso que yo bebo, o ser bautizados con el bautismo con que yo soy bautizado? Ellos dijeron: Podemos. Jesús les dijo: A la verdad, del vaso que yo bebo, beberéis, y con el bautismo con que yo soy bautizado, seréis bautizados; pero el sentaros a mi derecha y a mi izquierda, no es mío darlo, sino a aquellos para quienes está preparado. Cuando lo oyeron los diez, comenzaron a enojarse contra Jacobo y contra Juan."*

    Mateo 20:20-24. *"Entonces se le acercó la madre de los hijos de Zebedeo con sus hijos, postrándose ante él y pidiéndole algo. Él le dijo: ¿Qué quieres? Ella le dijo: Ordena que en tu reino se sienten estos dos hijos míos, el uno a tu derecha, y el otro a tu izquierda. Entonces Jesús respondiendo, dijo: No sabéis lo que pedís. ¿Podéis beber del vaso que yo he de beber, y ser bautizados con el bautismo con que yo soy bautizado? Y ellos le dijeron: Podemos. Él les dijo: A la verdad, de mi vaso beberéis, y con el bautismo con que yo soy bautizado, seréis bautizados; pero el sentaros a mi derecha y a mi izquierda, no es mío darlo, sino a aquellos para quienes está preparado por mi Padre. Cuando los diez oyeron esto, se enojaron contra los dos hermanos.*

2. No es control autoritario. A Diótrefes le gustaba tener siempre el primer lugar veamos 3ª Juan 9. *"Yo he escrito a la iglesia; pero Diótrefes, al cual le gusta tener el primer lugar entre ellos, no nos recibe."*

3. No es un control por magnetismo personal: Pablo dijo: *"Yo no fui con palabras de humana sabiduría… sino con humildad"*. (1ª Corintios 1:26-2:5). *"Pues mirad, hermanos, vuestra vocación, que no sois muchos sabios según la carne, ni muchos poderosos, ni muchos nobles; sino que lo necio del mundo escogió Dios, para avergonzar a los sabios; y lo débil del mundo escogió Dios, para avergonzar a lo fuerte; y lo vil del mundo y lo menospreciado escogió Dios, y lo que no es, para deshacer lo que es, a fin de que nadie se jacte en su presencia. Mas por él estáis vosotros en Cristo Jesús, el cual nos ha sido hecho por Dios sabiduría, justificación, santificación y redención; para que, como está escrito: El que se gloría, gloríese en el Señor. Así que, hermanos, cuando fui*

a vosotros para anunciaros el testimonio de Dios, no fui con excelencia de palabras o de sabiduría. Pues me propuse no saber entre vosotros cosa alguna sino a Jesucristo, y a éste crucificado. Y estuve entre vosotros con debilidad, y mucho temor y temblor; y ni mi palabra ni mi predicación fue con palabras persuasivas de humana sabiduría, sino con demostración del Espíritu y de poder, para que vuestra fe no esté fundada en la sabiduría de los hombres, sino en el poder de Dios."

En el Nuevo Testamento el liderazgo si es:

1. Dirigir con ternura: 1ª Tesalonicenses 2:5-10; *"Porque nunca usamos de palabras lisonjeras, como sabéis, ni encubrimos avaricia; Dios es testigo; ni buscamos gloria de los hombres; ni de vosotros, ni de otros, aunque podíamos seros carga como apóstoles de Cristo. Antes fuimos tiernos entre vosotros, como la nodriza que cuida con ternura a sus propios hijos. Tan grande es nuestro afecto por vosotros, que hubiéramos querido entregaros no sólo el evangelio de Dios, sino también nuestras propias vidas; porque habéis llegado a sernos muy queridos. Porque os acordáis, hermanos, de nuestro trabajo y fatiga; cómo trabajando de noche y de día, para no ser gravosos a ninguno de vosotros, os predicamos el evangelio de Dios. Vosotros sois testigos, y Dios también, de cuán santa, justa e irreprensiblemente nos comportamos con vosotros los creyentes;"*

2. Dirigir con el ejemplo: 1ª Tesalonicenses 2:9-10. *"Porque os acordáis, hermanos, de nuestro trabajo y fatiga; cómo trabajando de noche y de día, para no ser gravosos a ninguno de vosotros, os predicamos el evangelio de Dios. Vosotros sois testigos, y Dios también, de cuán santa, justa e irreprensiblemente nos comportamos con vosotros los creyentes;"*

    1ª Pedro 5:3. *"no como teniendo señorío sobre los que están a vuestro cuidado, sino siendo ejemplos de la grey."*

ABC DE LA ADMINISTRACIÓN

Acróstico de líder.

El líder debe tener un sin fin de cualidades para poder cumplir su función. En el siguiente ejercicio, busque las cualidades que inicien con la letra del renglón.

L _____

Í _____

D _____

E _____

R _____

Lea detenidamente 1ª Timoteo 3:1-7, *"Palabra fiel: Si alguno anhela obispado, buena obra desea. Pero es necesario que el obispo sea irreprensible, marido de una sola mujer, sobrio, prudente, decoroso, hospedador, apto para enseñar; no dado al vino, no pendenciero, no codicioso de ganancias deshonestas, sino amable, apacible, no avaro; que gobierne bien su casa, que tenga a sus hijos en sujeción con toda honestidad (pues el que no sabe gobernar su propia casa, ¿cómo cuidará de la iglesia de Dios?); no un neófito, no sea que envaneciéndose caiga en la condenación del diablo. También es necesario que tenga buen testimonio de los de afuera, para que no caiga en descrédito y en lazo del diablo."*, y enumere doce cualidades para un liderazgo efectivo.

1. _____
2. _____
3. _____
4. _____
5. _____
6. _____
7. _____

8. _____

9. _____

10. _____

11. _____

12. _____

¿Cuál de estas características le llamó más la atención? _____
_____

¿Por qué? _____
_____

Las leyes del jefe:

ARTÍCULO I. El Jefe tiene la razón.
ARTÍCULO II. El Jefe siempre tiene la razón.
ARTÍCULO III. Si el Jefe no tiene la razón, se aplican los artículos I y II.
ARTÍCULO IV. El Jefe no duerme - descansa.
ARTÍCULO V. El Jefe no come - se nutre.
ARTÍCULO VI. El Jefe no llega tarde - lo retienen.
ARTÍCULO VII. El Jefe no lee el periódico - se informa.
ARTÍCULO VIII. Nunca se critica al Jefe, y menos si se aspira a un incremento salarial.
ARTÍCULO IX. Se entra al despacho del Jefe con ideas propias. Se sale con las ideas del Jefe.
ARTÍCULO X. El Jefe piensa por todos.

II. Características de un líder.

"Palabra fiel: Si alguno anhela obispado, buena obra desea. Pero es necesario que el obispo sea irreprensible, marido de una sola mujer, sobrio, prudente, decoroso, hospedador, apto para enseñar; no dado al vino, no pendenciero, no codicioso de ganancias deshonestas, sino amable, apacible, no avaro; que gobierne bien su casa, que tenga a sus hijos en sujeción con toda honestidad (pues el que no sabe gobernar su propia casa, ¿cómo cuidará de la iglesia de Dios?); no un neófito, no sea que envaneciéndose caiga en la condenación del diablo. También es necesario que tenga buen testimonio de los de afuera, para que no caiga en descrédito y en lazo del diablo." 1ª Timoteo 3:1-7.

Los requisitos son detallados y las características son exigencias fuertes, ya que el líder cristiano es ejemplo de conducta a la comunidad cristiana y testimonio vivo para el mundo no cristiano.

EMPUJE INTERNO

Entre sus características resultan las que presentamos a continuación:

1. El empuje interno: Debe ser flexible, pero a la vez un hueso duro de roer. Porque la clave del liderazgo es la capacidad de resistir. El único que llega a la meta es aquel que tiene empuje interno.

En el liderazgo cristiano, se debe perseguir el objetivo hasta alcanzarlo, la Biblia dice en Filipenses 3:12-14, *"No que lo haya alcanzado ya, ni que ya sea perfecto; sino que prosigo, por ver si logro asir aquello para lo cual fui también asido por Cristo Jesús. Hermanos, yo mismo no pretendo haberlo ya alcanzado; pero una cosa hago: olvidando ciertamente lo que queda atrás, y extendiéndome a lo que está delante, prosigo a la meta, al premio del supremo llamamiento de Dios en Cristo Jesús"*.

Nunca claudica, jamás debe retroceder. La obra de cualquier organización es un maratón a campo traviesa y no una carrera de cien metros. El empuje interno es parte de la madurez del líder porque debe trabajar sin que nadie lo aclame o apoye.

2. Una vida privada dinámica: Tiene que ver con la vida familiar, las preguntas principales del líder son: ¿Realmente disfruto mi vida familiar?, ¿Me respetan o hay resentimiento y desaprobación?, no hay nada más estimulante que el reconocimiento familiar.

El líder debe buscar momentos en los que pueda meditar a solas para recuperar sus energías materiales y espirituales. No es una opción, sino una necesidad fundamental. El hombre dinámico conoce el tiempo de su descanso, y la importancia del cambio de paso y ritmo de sus actividades, Eclesiastés 3:1 dice, *"Todo tiene su tiempo, y todo lo que se quiere debajo del cielo tiene su hora"*. El verdadero líder, no sólo cambia el ritmo de su vida, sino que aprende a disfrutar sus actividades.

ESTÉ DISPUESTO A TOMAR DECISIONES RADICALES

3. Templanza y auto-control: ¿Se encuentra usted en dominio real de cada área de su vida? En 2ª Timoteo 1:7, Pablo nos habla del dominio propio, *"Porque no nos ha dado Dios espíritu de cobardía, sino de poder, de amor y de dominio propio"*. Y en Hebreos 12:1 nos recomienda correr la carrera sin pesadas cargas, sólo con la necesaria, *"Por tanto, nosotros también, teniendo en derredor nuestro tan grande nube de testigos, despojémonos de todo peso y del pecado que nos asedia, y corramos con paciencia la carrera que tenemos por delante,"*.

Lo que más exige control, es cuando tenemos que decidir entre lo bueno y lo mejor.

"Si usted posee algo que no puede dar, o ceder en alguna forma, entonces no lo posee, sino que ese algo, lo posee a usted". La excelencia, siempre será un producto de altas normas y por la cual se debe pagar el precio.

4. **La marca de ser ejemplo consistente:** 1ª Timoteo 4:12 dice, *"Ninguno tenga en poco tu juventud, sino sé ejemplo de los creyentes en palabra, conducta, amor, espíritu, fe y pureza."*, cualquier tipo de enseñanza o aprendizaje, puede ser logrado mediante el moldear, como también puede ser logrado por la experiencia directa.

SEA EJEMPLO CONSISTENTE

La Biblia nos da ejemplo de esta enseñanza mediante el moldear con el ejemplo:

En el Antiguo Testamento.

Moisés --- a --- Josué

Elías --- a --- Eliseo

En el Nuevo Testamento.

Jesús --- a --- Los discípulos

Pablo --- a --- Timoteo

Bernabé --- a --- Juan Marcos

¿A cuántos hombres ha logrado moldear con su ejemplo? Filipenses 3:17 nos dice que debemos imitar el buen ejemplo. Filipenses 4:9 dice que la enseñanza no fue exclusivamente verbal, sino que también fue visual.

** JESÚS ENSEÑÓ MÁS CON SU EJEMPLO QUE CON SUS PALABRAS **

5. Gran capacidad y resistencia: Ante la dificultad y la oposición, no ante nuevas ideas. Nehemías es un ejemplo de esta **Resistencia** ante la oposición (Nehemías 4:1-23) dice:

"Cuando oyó Sanbalat que nosotros edificábamos el muro, se enojó y se enfureció en gran manera, e hizo escarnio de los judíos. Y habló delante de sus hermanos y del ejército de Samaria, y dijo: ¿Qué hacen estos débiles judíos? ¿Se les permitirá volver a ofrecer sus sacrificios? ¿Acabarán en un día? ¿Resucitarán de los montones del polvo las piedras que fueron quemadas? Y estaba junto a él Tobías amonita, el cual dijo: Lo que ellos edifican del muro de piedra, si subiere una zorra lo derribará. Oye, oh Dios nuestro, que somos objeto de su menosprecio, y vuelve el baldón de ellos sobre su cabeza, y entrégalos por despojo en la tierra de su cautiverio. No cubras su iniquidad, ni su pecado sea borrado delante de ti, porque se airaron contra los que edificaban. Edificamos, pues, el muro, y toda la muralla fue terminada hasta la mitad de su altura, porque el pueblo tuvo ánimo para trabajar. Pero aconteció que oyendo Sanbalat y Tobías, y los árabes, los amonitas y los de Asdod, que los muros de Jerusalén eran reparados, porque ya los portillos comenzaban a ser cerrados, se encolerizaron mucho; y conspiraron todos a una para venir a atacar a Jerusalén y hacerle daño. Entonces oramos a nuestro Dios, y por causa de ellos pusimos guarda contra ellos de día y de noche. Y dijo Judá: Las fuerzas de los acarreadores se han debilitado, y el escombro es mucho, y no podemos edificar el muro. Y nuestros enemigos dijeron: No sepan, ni vean, hasta que entremos en medio de ellos y los matemos, y hagamos cesar la obra. Pero sucedió que cuando venían los judíos que habitaban entre ellos, nos decían hasta diez veces: De todos los lugares de donde volviereis, ellos caerán sobre vosotros. Entonces por las partes bajas del lugar, detrás del muro, y en los sitios abiertos, puse al pueblo por familias, con sus espadas, con sus lanzas y con sus arcos. Después miré, y me levanté y dije a los nobles y a los oficiales, y al resto del pueblo: No temáis delante de ellos; acordaos del Señor, grande y temible, y pelead por vuestros hermanos, por vuestros hijos y por vuestras hijas, por vuestras mujeres y por vuestras casas. Y cuando oyeron nuestros enemigos que lo habíamos entendido, y

que Dios había desbaratado el consejo de ellos, nos volvimos todos al muro, cada uno a su tarea. Desde aquel día la mitad de mis siervos trabajaba en la obra, y la otra mitad tenía lanzas, escudos, arcos y corazas; y detrás de ellos estaban los jefes de toda la casa de Judá. Los que edificaban en el muro, los que acarreaban, y los que cargaban, con una mano trabajaban en la obra, y en la otra tenían la espada. Porque los que edificaban, cada uno tenía su espada ceñida a sus lomos, y así edificaban; y el que tocaba la trompeta estaba junto a mí. Y dije a los nobles, y a los oficiales y al resto del pueblo: La obra es grande y extensa, y nosotros estamos apartados en el muro, lejos unos de otros. En el lugar donde oyereis el sonido de la trompeta, reuníos allí con nosotros; nuestro Dios peleará por nosotros. Nosotros, pues, trabajábamos en la obra; y la mitad de ellos tenían lanzas desde la subida del alba hasta que salían las estrellas. También dije entonces al pueblo: Cada uno con su criado permanezca dentro de Jerusalén, y de noche sirvan de centinela y de día en la obra. Y ni yo ni mis hermanos, ni mis jóvenes, ni la gente de guardia que me seguía, nos quitamos nuestro vestido; cada uno se desnudaba solamente para bañarse."

Él logró cumplir su tarea en la más aguda hora de prueba y contrariedad. Un líder se identifica cuando confronta la oposición, ya que tiene una actitud positiva. Se ve estimulado a seguir adelante. En la vida cristiana encontramos multitud de oposiciones, por eso decimos que no es difícil vivirla, sino imposible; a menos que Cristo la viva en nosotros. Juan 15:5, dice, *"Yo soy la vid, vosotros los pámpanos; el que permanece en mí, y yo en él, éste lleva mucho fruto; porque separados de mí nada podéis hacer."*, una respuesta adecuada, hace que las actitudes de la crítica cambien radicalmente.

Encontramos diferentes tipos de oposición:

1º. Reproches o represiones injustas.
2º. Cuando se nos mal interpreta.
3º. Cuando nos presionan: Se debe tener la capacidad para responder a esa presión, ya que la tendremos en todas las actividades que realicemos.

6. Actitud de servicio: Es el acto en el que el cristiano da, sirve y ministra renunciando voluntariamente a todos los derechos, y asumiendo responsabilidades. El ministerio que desarrollamos debe ayudar a las personas a prosperar y a ser más productivas para el Señor. Esta debe ser la verdadera motivación.

7. La confiabilidad o actitud positiva: Es la confianza que tenemos en el Señor (Filipenses 3:13) dice, *"Hermanos, yo mismo no pretendo haberlo ya alcanzado; pero una cosa hago: olvidando ciertamente lo que queda atrás, y extendiéndome a lo que está delante,"*, y que nos capacita para vivir en una actitud positiva.

La falta de confianza en Dios, crea confusión.

Otro aspecto que no debemos descuidar es el menosprecio de uno mismo, muchas veces lo expresamos cuando decimos "yo no soy nada". En Romanos 12:3, Pablo nos exhorta a tener un concepto correcto de nosotros mismos "con cordura".

8. Receptividad: El líder debe aprender de todo lo que sucede a su alrededor. Debemos tener una visión hacia el futuro, pero al mismo tiempo debemos trabajar en el presente. El líder cristiano debe percibir en los fracasos de los demás un aviso, y aprender de los errores de los demás.

9. Ser enseñable: Es el espíritu del discípulo. Es aquella capacidad humana de desarrollar y crecer (2 Pedro 3:18) dice, *"Antes bien, creced en la gracia y el conocimiento de nuestro Señor y Salvador Jesucristo. A él sea gloria ahora y hasta el día de la eternidad. Amén."*

SEA PERCEPTIBLE

El hombre de Dios, aprende de Dios, si no aprende de Dios no tendrá que enseñar.

10. Ser hombre de fe: (2 Reyes. 6:14-17) dice, *"Entonces envió el rey allá gente de a caballo, y carros, y un gran ejército, los cuales vinieron de noche, y sitiaron la ciudad. Y se levantó de mañana y salió el que servía al varón de Dios, y he aquí el ejército que tenía sitiada la ciudad, con gente de a caballo y carros. Entonces su criado le dijo: ¡Ah, señor mío! ¿Qué haremos? Él le dijo: No tengas miedo, porque más son los que están con nosotros que los que están con ellos. Y oró Eliseo, y dijo: Te ruego, oh Jehová, que abras sus ojos para que*

ABC DE LA ADMINISTRACIÓN

vea. Entonces Jehová abrió los ojos del criado, y miró; y he aquí que el monte estaba lleno de gente de a caballo, y de carros de fuego alrededor de Eliseo."

No sólo cree en Dios, sino le cree a Dios. El siervo de Eliseo, sólo había visto una parte de la realidad, porque no había visto el ejército de Dios. No olvidemos que la fe siempre implica riesgos. Pero la fe agrada a Dios y su mano estará a favor de ella. En Mateo 25:14-30, vemos al siervo que le fue dado un talento, enterrándolo porque no quiso correr riesgos aún de invertirlo en el blanco.

*** LA FE EN DIOS NO ES IRRACIONAL, SINO SUPRA-RACIONAL ***

EL LÍDER NACE: Física y espiritualmente. Y SE HACE: Por el Espíritu Santo que lo conforma a la imagen de Cristo. Nuestra responsabilidad real es: Poner en acción los talentos y dones que hemos recibido de Dios. El punto clave no es el tanto de capacidad que se siente, sino el uso adecuado de las que se tienen. A continuación enumere las cinco características más sobresalientes de un líder (desde su punto de vista).

1. _____
2. _____
3. _____
4. _____
5. _____

Conteste las siguientes preguntas:

¿Cuál es la clave del liderazgo?
_____

¿Qué es lo que más exige control?
_____

¿Cuál es la característica que tiene que ver con la vida familiar?
_____

¿A cuántos discípulos ha moldeado usted con su ejemplo?
_____

¿Cómo se identifica a un líder?
_____

¿Qué es servicio?
_____

¿Qué produce la falta de confianza en Dios?
_____

¿Qué es ser enseñable?
_____

La fe en Dios no es:
_____

Sino: _____

III. Cómo dirigir. El líder es un hombre entregado a una causa.

1. Desarrolle profundas convicciones personales.

   a. El estudio bíblico debe ser consistente y regular: Debemos enlazar nuestra mente a la mente de Dios (pensar como él).

   b. Dedicando un tiempo consistente a la meditación: Esto no es un lujo, es una necesidad para el líder (necesitamos escuchar la voz de Dios).

   c. La corrección continúa en nuestras vidas: ¿Qué quieres que haga? Proverbios 3:5-6 dice: *"Fíate de Jehová de todo tu corazón y no te apoyes en tu propia prudencia"*, (actúa como él).

Romanos 14:7-8 dice, *"Porque ninguno de nosotros vive para sí, y ninguno muere para sí. Pues si vivimos, para el Señor vivimos; y si morimos, para el Señor morimos. Así pues, sea que vivamos, o que muramos, del Señor somos."*

2. Mantenga una agenda personal rigurosa.

Esto es tener una agenda de actividades de acuerdo a las prioridades, "dejar las cosas buenas por las mejores".

Lo más difícil es dirigirnos a nosotros mismos. La disciplina debe ser contemplada a la luz de los objetivos. Estudiémonos a nosotros mismos y seamos maestros conocedores de nosotros mismos.

3. Ponga todos los aspectos de su vida, subordinados a su meta.

El líder es aquel que sabe decir NO. Una sola cosa debe ocupar nuestra mente y nuestra actividad. Esto no quiere decir que se debe sacrificar a la familia. No debe haber conflicto entre las responsabilidades y las metas, el líder debe saber atender ambas cosas.

4. Esté dispuesto a tomar decisiones radicales.

Cuando decimos: "He aquí un líder de éxito", estamos diciendo también, "He aquí a un hombre de voluntad enérgica, de voluntad robusta". El motivo de las decisiones cruciales nunca deben ser los sentimientos ni las ideas personales, sino los OBJETIVOS.

5. Abrace un sentimiento de misión y de destino.

Como los soldados. Nadie va a seguir a una persona que se sabe insignificante, y que no sabe a dónde va.

6. Aprenda a vivir con los problemas.

Aprenda a vivir con la tensión. Debemos establecer nuevas metas de rendimiento y progreso; Pablo dice: *"Yo mismo no pretendo haberlo ya alcanzado"* (Filipenses 3:13-14).

- a. Olvidando: Aprendamos del pasado, pero no vivamos en el pasado.
- b. Extendiéndome: A lo que esta adelante, al futuro.
- c. Prosigo a la meta: A los objetivos.

7. No trabaje duro, trabaje inteligentemente.

Tenemos que hacer la diferencia entre el activismo y las verdaderas realizaciones. UN LÍDER LOCO: Se agota, trabaja del amanecer hasta el anochecer, pero se ve muy poco fruto en su ministerio. UN LÍDER SABIO: Reflexiona en lo que hace, no se ve agotado, ni tenso, tampoco neurótico. Sin embargo, mucho está ocurriendo a su alrededor.

IV. Cómo celebrar una mejor reunión.

1) Definición de una reunión:

Una reunión es cualquier grupo de personas hablando juntas con un propósito claramente definido en sus mentes. Algunos tipos de reuniones son de negocios, de comisión, de personal, de estudio, etc.

2) La importancia de celebrar una buena reunión:

- A. Mucho del éxito de nuestras organizaciones depende grandemente del éxito que tienen las personas hablando juntas.
- B. El crecimiento de un hombre está grandemente determinado por su habilidad para hacerse entender.
- C. El 90% de la actividad en las organizaciones se lleva a cabo en forma oral – personas hablando.
- D. Algunos ejecutivos utilizan el 50% de su día de trabajo en reuniones hablando sobre ideas.

3) Ventajas de la reunión sobre las decisiones personales del individuo:

- A. Es el método más rápido de transmitir información a un grupo de personas.
- B. Asegura que todo el mundo entienda de igual forma lo que ha sido presentado, reduciendo a un mínimo los malos entendidos y las tensiones.
- C. Ahorra el tiempo que se desperdicia en enviar y contestar un número interminable de memorándums y cartas.
- D. Resuelve problemas, produce decisiones, y reduce las posibilidades de equivocarse al tomar decisiones.

4) Planeando una reunión:

A. Planee una agenda y désela a todos los que asistirán, por lo menos 24 horas antes de la reunión.

B. El contenido de la agenda debe llevar, la fecha, el nombre del que la envía, la fecha y el lugar de la reunión, el tema a tratar, el tiempo estimado de duración, quienes asistirán, los antecedentes del tema, la posición presente del tema y la meta de la reunión.

C. Seleccione el local y el arreglo apropiado de las sillas para la reunión, para alcanzar un máximo de cooperación y resultado.

   1. Vea que su local de reunión este bien ventilado, iluminado y cómodo.

   2. Cuando fuera posible, use una mesa ancha y ubíquela en el centro para la reunión.

   3. Deshaga los grupos que tiendan a formarse en unidades hostiles, o que pongan obstáculos.

5) Cuatro clases de reuniones de negocios:

A. Reuniones de informes.

Es una conferencia guiada por la fuerte dirección del líder con el propósito de la presentación directa de información.

B. Reuniones de decisiones.

Es una reunión con la mira de resolver problemas específicos o de establecer una política a seguir, la cual está designada para desarrollar el pensamiento de los individuos informados y para moldear este pensamiento en un curso de acción final.

C. Reuniones creativas o de desarrollo.

Es una reunión donde las personas piensan juntas en voz alta para evaluar y discutir ideas y métodos nuevos.

D. Reuniones de aprendizaje o adiestramiento.

Es una reunión para establecer un clima de adiestramiento o aprendizaje efectivo para la transmisión y discusión de información.

6) El buen líder de una reunión.

a. Características del líder.

1. Debe saber qué clase de reunión celebrar para cada situación y lo que se espera de él como líder para cada clase de reunión.

2. Debe aprender a manejar la compleja tarea de resolver problemas, controlar emociones, transmitir información, y llegar a una decisión final.

b. Liderazgo en la apertura de una reunión.

1. Comience a tiempo.

2. Establezca claramente el propósito de la reunión en la apertura.

3. Exprese todas las ideas en forma positiva y haga que las ideas suenen interesantes.

c. Liderazgo durante la reunión.

1. El líder debe ser un consejero activo, guía, administrador, catalizador.

2. El líder debe escoger y catalogar las ideas presentadas por los miembros, suministrando información cuando sea necesario.

3. El líder debe mantener la reunión progresando de los problemas a las soluciones.

4. El líder debe mantenerse imparcial si es posible.

5. El líder debe observar las emociones y alejar la dirección de la reunión de los puntos delicados.

6. El líder debe obtener contribuciones de todos los miembros del grupo. Esto aclara todos los puntos de vista opuestos.

d. Liderazgo en la clausura de la reunión.

    1. El líder debe resumir las decisiones a las que se ha arribado.

    2. Debe señalar las diferencias de opiniones.

    3. Enseguida de la reunión debe enviar a cada miembro una confirmación escrita de las decisiones que se han tomado y del curso de acción a seguirse en el futuro.

Adaptado de J. W. Kilpatrick.

V. El líder como administrador.

Esta es la clave de la administración pastoral de éxito. En 1ª Timoteo 3:5, Pablo dice: *"El que no sabe gobernar (administrar) su propia casa (vida), ¿Cómo cuidara de la iglesia de Dios?*

Lea 1ª Timoteo 3:1-13 que dice, *"Palabra fiel: Si alguno anhela obispado, buena obra desea. Pero es necesario que el obispo sea irreprensible, marido de una sola mujer, sobrio, prudente, decoroso, hospedador, apto para enseñar; no dado al vino, no pendenciero, no codicioso de ganancias deshonestas, sino amable, apacible, no avaro; que gobierne bien su casa, que tenga a sus hijos en sujeción con toda honestidad (pues el que no sabe gobernar su propia casa, ¿cómo cuidará de la iglesia de Dios?); no un neófito, no sea que envaneciéndose caiga en la condenación del diablo. También es necesario que tenga buen testimonio de los de afuera, para que no caiga en descrédito y en lazo del diablo. Los diáconos asimismo deben ser honestos, sin doblez, no dados a mucho vino, no codiciosos de ganancias deshonestas; que guarden el misterio de la fe con limpia conciencia. Y éstos también sean sometidos a prueba primero, y entonces ejerzan el diaconado, si son irreprensibles. Las mujeres asimismo sean honestas, no calumniadoras, sino sobrias, fieles en todo. Los diáconos sean maridos de una sola mujer, y que gobiernen bien sus hijos y sus casas. Porque los que ejerzan bien el diaconado, ganan para sí un grado honroso, y mucha confianza en la fe que es en Cristo Jesús."*

Tito 2:5-9 que dice, *"a ser prudentes, castas, cuidadosas de su casa, buenas, sujetas a sus maridos, para que la palabra de Dios no sea blasfemada. Exhorta asimismo a los jóvenes a que sean prudentes; presentándote tú en todo como ejemplo de buenas obras; en la enseñanza mostrando integridad, seriedad, palabra sana e irreprochable, de modo que el adversario se avergüence, y no tenga nada malo que decir de vosotros. Exhorta a los siervos a que se sujeten a sus amos, que agraden en todo, que no sean respondones;"*

Después de haber leído detenidamente los pasajes anteriores responda, ¿Por qué se pone tanto énfasis en la vida personal del líder?

_____
_____
_____
_____
_____

Puede pensarse que el concepto de "Buen Administrador" es extraño en nuestra cultura, pues se tiene la idea de que mirar constantemente el reloj, tener una agenda llena de citas, tratar con la gente de una manera impersonal significa que somos administradores efectivos. No cabe duda que así es en algunos países industrializados, en donde los ejecutivos han ido al extremo y se han atado a una "camisa de fuerza" que los incapacita para hacer lo que realmente desean hacer.

"Por otro lado tenemos la historia de un campesino, que le dijo a la esposa que iba a arar toda la mañana. Empezó temprano dándole de comer a los bueyes pero descubrió que uno de ellos estaba enfermo y se dispuso a ir al pueblo a comprar medicina. En el camino se dio cuenta que unos cerdos del vecino se habían metido en el sembrado de papas y tuvo que detenerse para sacarlos. Allí descubrió que las papas estaban listas para la cosecha, y empezó a recogerlas. De pronto recordó que su esposa quería que le llevara leña, y dejando las papas se dirigió hacia el bosque a buscar la leña para su esposa y poco antes de llegar a la casa vio que las gallinas se habían salido del gallinero, dejo la leña y se fue tras ellas hasta encerrarlas de nuevo. Cuando la última gallina estuvo dentro del gallinero ya era de noche y nuestro amigo ni siquiera había tocado el arado". ¿Has experimentado un día así, un día de total frustración con interrupciones sucesivas?

"El obrero cristiano no puede darse el lujo de ser una persona olvidadiza, ni de malgastar su tiempo, ni de tener un mal testimonio por su vida desordenada. Vea como el mismo Dios cuya Palabra y Espíritu trajeron orden al caos original (Génesis 1:3). *"Y dijo Dios: Sea la luz; y fue la luz."*. Y Pablo nos insta, *"... Hágase todo decentemente y con orden"*, (1 Corinitos 14:40).

En resumen, para ser un buen administrador tenemos que ordenar nuestra propia vida. Esto significa nada menos que ser un buen mayordomo de nuestro tiempo, capacidades y recursos personales. Todo nuestro estilo de vida debe reflejar el hecho de que somos responsables al Señor por el manejo de los recursos personales que Él ha puesto en nuestras manos. Debido a los límites de esta sección no hemos incluido lecturas sobre la vida familiar y las finanzas personales aunque reconocemos que las fallas en este campo han destruido a más de un líder cristiano. Estos aspectos se tratan en detalle en los cursos de ética ministerial.

Siga las instrucciones que a continuación se le dan:

En su cuaderno de apuntes escriba dos columnas paralelas, en una enumere sus talentos, dones y puntos fuertes; en la otra escriba las diferencias y puntos débiles. Indique al final de las columnas como espera desarrollar los aspectos positivos y como superar los aspectos negativos.

VI. Administrándose a usted mismo.

(Por Guillermo Luna)

Los cristianos estamos llamados a ser buenos administradores para poder ser buenos mayordomos de nuestro tiempo y recursos materiales.

En esta sección estaremos considerando cada uno de estos elementos que tienen que ver con la vida del administrador, respecto de la utilización de sus oportunidades y recursos para el logro de los objetivos, no solamente propios, sino de los demás que dependan de él para el liderazgo.

En su orden de importancia, trataremos cada uno de estos aspectos para una mejor comprensión de la administración personal.

ABC DE LA ADMINISTRACIÓN

A. El manejo del tiempo

"Mirad, pues, con diligencia cómo andéis, no como necios sino como sabios, aprovechando bien el tiempo, porque los días son malos". Efesios 5:15-16.

La Escritura nos dice que hay un tiempo para cada cosa que Dios quiere que hagamos en esta tierra. *"Todo tiene su tiempo, y todo lo que se quiere debajo del cielo tiene su hora"*. Eclesiastés 3:1.

Jesucristo mismo nos dio un ejemplo al completar la tarea que Dios le había encomendado realizar en esta tierra. En Juan 17:4, Jesús en su oración al Padre dice: *"Yo te he glorificado en la tierra; he acabado la obra que me diste que hiciese"*. Esta es ciertamente una declaración impresionante, especialmente al considerar la medida del tiempo que Jesucristo estuvo en la tierra y particularmente el tiempo de su ministerio público. En solo tres años y medio logró finalizar una tarea verdaderamente fabulosa. Sin embargo, la confianza de Jesús residía en el conocimiento de que había realizado todas aquellas cosas necesarias para cumplir el propósito de Dios dentro del tiempo que le estaba marcado.

De aquí se desprende un principio muy importante, debemos usar nuestro tiempo sabiamente. Recordando la parábola de los talentos que se nos refiere en Mateo 25:14-30, *"Porque el reino de los cielos es como un hombre que yéndose lejos, llamó a sus siervos y les entregó sus bienes. A uno dio cinco talentos, y a otro dos, y a otro uno, a cada uno conforme a su capacidad; y luego se fue lejos. Y el que había recibido cinco talentos fue y negoció con ellos, y ganó otros cinco talentos. Asimismo el que había recibido dos, ganó también otros dos. Pero el que había recibido uno fue y cavó en la tierra, y escondió el dinero de su señor. Después de mucho tiempo vino el señor de aquellos siervos, y arregló cuentas con ellos. Y llegando el que había recibido cinco talentos, trajo otros cinco talentos, diciendo: Señor, cinco talentos me entregaste; aquí tienes, he ganado otros cinco talentos sobre ellos. Y su señor le dijo: Bien, buen siervo y fiel; sobre poco has sido fiel, sobre mucho te pondré; entra en el gozo de tu señor. Llegando también el que había recibido dos talentos, dijo: Señor, dos talentos me entregaste; aquí tienes, he ganado otros dos talentos sobre ellos. Su señor le dijo: Bien, buen siervo y fiel; sobre poco has sido fiel, sobre mucho te pondré; entra en el gozo de tu señor. Pero llegando también el que había recibido un talento, dijo: Señor, te conocía que eres hombre duro, que siegas donde no sembraste y recoges donde no esparciste; por lo cual tuve miedo, y fui y escondí tu talento en la tierra; aquí tienes lo que es tuyo. Respondiendo su señor, le dijo: Siervo malo y negligente, sabías que siego donde no sembré, y que recojo donde no esparcí. Por tanto, debías haber dado mi dinero a los banqueros, y al venir yo, hubiera recibido lo que es mío con los intereses. Quitadle, pues, el talento, y dadlo al que tiene diez talentos. Porque al que tiene, le será dado, y tendrá más; y al que no tiene, aun lo que tiene le será quitado. Y al siervo inútil echadle en las tinieblas de afuera; allí será el lloro y el crujir de dientes,"*

Notamos que al siervo que enterró el dinero y que consecuentemente no logró multiplicarlo, le fue reprendida su falta de sabiduría. Su trabajo fue calificado como deficiente y no recibió ninguna recompensa, más bien fue castigado, ya que el amo de la parábola le quito la cantidad de dinero que le había confiado originalmente.

La lección fundamental de esta parábola es que Dios espera que nosotros seamos inversionistas de lo que él nos da. El espera que multipliquemos aquello que nos ha encargado y que seamos óptimos mayordomos principalmente de nuestro tiempo. Respecto del tiempo debemos decir que por su naturaleza se hace necesario que seamos mucho más cuidadosos con él, que con cualquier otra cosa.

1. El tiempo no puede ser detenido. Muchos de nosotros quisiéramos poder hacer lo que se hace en algunos eventos deportivos cuando se pide "tiempo" para suspender el juego y proveer descanso o algún cambio de los contendientes. Sin embargo, en la vida real no podemos darnos ese lujo, ya que el tiempo siempre está corriendo, ya sea que lo usemos o no.

Realmente no desperdiciamos el tiempo, sino nuestra vida, al no hacer uso debido del mismo. La vida mal empleada en un determinado periodo, se desperdicia para siempre.

2. El tiempo no se puede acumular. El tiempo bien puede ser comparado con el "maná", que sirvió de alimento al pueblo Judío cuando estuvo en el desierto. En el Antiguo Testamento se nos indica que cada mañana los Israelitas recibían una ración de "maná" suficiente para ese día. Algunos de ellos trataban en vano de guardarlo, para darse cuenta al día siguiente que el maná se había podrido. Algo semejante ocurre con el tiempo; debemos consumirlo en la forma en que nos es entregado. No habrá nada que sobre para el día de mañana.

3. Todos contamos con un mismo tiempo para hacer las cosas. ¿Se ha puesto a pensar por que otras personas que cuentan con las mismas 24 horas logran mucho más? La diferencia está en que ellos saben administrar su tiempo y aprovechan al máximo cada uno de los minutos. Saben escoger las cosas óptimas y negarse a una serie de cosas buenas que no pueden atender.

4. El tiempo no puede ser estirado. Usted no puede crear días de 25 ni de 30 horas. Esto hace mucho más importante el aprovechamiento del tiempo.

B. Motivación.

¿Por qué debemos administrarnos al punto de sacar máximo aprovechamiento a nuestro tiempo? Esto nos habilita como mejores mayordomos delante de Dios y de los hombres. En esta forma no tendrá que mirar retrospectivamente su vida sintiéndose insatisfecho con lo poco que ha logrado.

Podrá liberarse de la excesiva tensión de cada día, podrá ser más fructífero y eficiente. Encontrará más horas disponibles para la recreación y para estar con su familia.

El administrarse a usted mismo para aprovechar el tiempo, en ninguna manera le encierra en una norma rígida. En realidad esa administración personal le va a librar, al punto que podrá realizar sus tareas con entera libertad, con creatividad y con una actitud de paz.

La naturaleza nos da un claro ejemplo de las realizaciones dentro de un tiempo establecido. Ella nos habla de majestuosidad, de poder, de eficiencia. Esto mismo es lo que Dios quiere para cada uno de sus hijos, especialmente para aquellos que son administradores y están en puestos de dirección. Estamos llamados a ser sermones o cartas leídas en nuestra actuación, poderosos, tranquilos. Esto solo puede ser logrado mediante una adecuada utilización del tiempo.

¿Cómo puede manejar su tiempo? En esta sección aprendemos la forma específica de manejar mejor el tiempo, cosa de vital importancia para lograr ser buenos administradores de nosotros mismos.

Hay por lo menos cuatro elementos fundamentales que son necesarios para un buen manejo del tiempo personal. Estos son los siguientes:

1. **Planes y metas:** Esto es de vital importancia para darle sentido de dirección a su vida.

    a. Los planes le ayudarán a mantenerse dentro de las actividades personales de mayor importancia.

    b. Planifique por lo menos el mes próximo, de preferencia el año próximo.

    c. Enumere su trabajo en forma específica.

    d. Enumere sus metas actuales y futuras tal como le vienen a la mente; o bien consulte el plan general de su trabajo u organización. Esto le hará ver la necesidad de incorporar a su agenda una serie de actividades.

    e. Planifique su vida personal (su vida familiar, deportiva, espiritual, financiera, social). En esta etapa es fundamental que reflexione sobre el plan general de su organización, su llamado a la causa que sirve, sus convicciones personales, etc.

    f. Proceda a elaborar la agenda que mejor se ajuste a sus necesidades personales. He aquí algunas recomendaciones generales para hacer una agenda semanal:

    1) Empiece por enumerar todas sus actividades. Haga una lista de todas aquellas actividades presentes y futuras que usted sienta que se necesitan llevar a cabo en una semana dada.

    2) Luego de terminar la lista de actividades generales, pregúntese si algunas de esas tareas pueden ser delegadas a otras personas. Verifique si debe asignar a otra persona alguna de sus actividades. Esto debe hacerse principalmente con actividades que consumen mucho tiempo y que son de poca importancia.

3) Asigne el resto de las actividades que usted va a hacer en orden de importancia mediante un número o una letra.

4) Elabore un calendario semanal. Haga un formato sencillo que le permita imaginar los días de la semana, de Lunes a Domingo y las horas que usted dispone. Por ejemplo de 6 a. m. a 10 p. m. Luego coloque cada una de las actividades en el calendario semanal, procurando que las de mayor prioridad sean asignadas a los tres primeros días de la semana, para asegurar su realización.

Advertencia.

Recuerde que antes de pasar las actividades al calendario, deberá usted marcar en dicho calendario aquellos compromisos previos que no pueden ser modificados, tal como sesiones con la Junta Directiva, citas, el horario para las comidas, transportación y otros.

2. **Un sistema de control del tiempo:** (Agenda), para ayudarse en la ejecución de sus planes dentro del tiempo que se dispone. Le recomendamos la agenda semanal y si es posible, diaria, según la intensidad de sus responsabilidades. Esta agenda deberá reflejar los objetivos de sus planes, tanto personales como los de su organización.

Ritmo.

Aprenda a reconocer su ritmo de trabajo y su ciclo de mayor rendimiento. Hay personas que tienen ciclos matutinos, otros vespertinos y otros nocturnos para su rendimiento máximo. Aprenda a descubrir en que parte del día su concentración es mejor.

1. Trabaje intensamente y no se sienta temeroso de descansar o comer algo conforme lo necesita. Generalmente se pueden hacer trabajos más difíciles por la mañana, ya que nuestro caudal de energía será mayor.

2. Planifique sus entrevistas personales.

3. Planifique sus reuniones.

4. Utilice las técnicas modernas de comunicación.

5. Aprenda a ser selectivo en sus lecturas y estudio personal. Revise un libro antes de leerlo y establezca que es lo que quiere sacar de este. Aprenda a leer rápida y eficientemente. Tome notas de sus libros y archívelas.

6. Haga más de una sola cosa a la vez.

7. Agrupe sus actividades. Seleccione aquellas que pueden ser realizadas en conjunto.

8. Tenga en orden el lugar donde trabaja. Esto se refiere al lugar físico donde usted trabaja o donde desarrolla la mayor parte de sus actividades. El tenerlo en orden en cuanto a los elementos de trabajo, es de fundamental importancia en cuanto al buen uso del tiempo. Tenga un horario para cada día, realice sus entrevistas en las fechas previstas, no se haga esperar ni permita que las personas lleguen tarde a la cita con usted, en tanto sea posible. Busque asesoría en campos especializados que usted sienta que no domina. Esto se traduce en un enorme ahorro de tiempo y en una mayor eficiencia.

9. Utilice el sistema de hacer recordatorios de la entrevista, cita y actividades especiales, un día antes de su realización.

10. Hable y escriba solo lo necesario. Recuerde que en ambas cosas usted debe ser claro, conciso, correcto y cortés.

11. No interrumpa sus sesiones para atender llamadas telefónicas y visitas imprevistas. El tiempo de sus empleados sumado, representan un gran esfuerzo y un gran potencial. Interrumpir esas sesiones indudablemente traerá pérdidas de tiempo.

3. **Motivación y disciplina:** La Escritura nos dice: *"El fruto del Espíritu es... templanza (autocontrol)"*, (Gálatas 5:23). Usted debe entregarse completamente a la disposición de cumplir con su agenda de actividades si es que espera sacar provecho de su tiempo.

Usted encontrará que no es fácil hacer la agenda semanal. El verdadero desafío será el mantenerse fiel a ella y cumplir con lo que allí se ha estipulado. No se sienta abrumado por la disciplina y la severidad. La clave para vencer esa sensación negativa es el motivarse adecuadamente poniendo en su mente algo que le agrade, tal como ver los beneficios que se derivan al ver cumplida su agenda de actividades.

El Señor Jesucristo, produce así el querer, como el hacer en nuestras vidas, Filipenses 2:13 dice, *"porque Dios es el que en vosotros produce así el querer como el hacer, por su buena voluntad."*

Podemos pedirle que él trabaje en nuestra voluntad, deseos y pensamientos. Luego nuestras acciones seguirán esas actitudes constructivas. Una vez que nosotros deseamos hacer algo, se nos hará mucho más fácil su realización.

Entusiasmo.

Algunos ejecutivos acostumbran cuadros en las paredes de su oficina que les ayudan a mantener el entusiasmo y a ilustrar en que pasos van hacia la realización de sus trabajos.

Piense en las cosas que usted puede hacer para recordar la importancia de lo que está haciendo y para ayudar a motivar a otros a tener una vida de disciplina y cumplir con lo que se han propuesto.

Conviene advertirle una vez más que toda planificación de largo alcance, así como los objetivos que se han propuesto, se convertirían en una pérdida de tiempo, a no ser que se integren a su agenda semanal.

CALENDARIO DE LA PLANIFICACIÓN							
AGENDA SEMANAL							
Hora	Lunes	Martes	Miércoles	Jueves	Viernes	Sábado	Domingo
5							
6							
7							
8							
9							
10							
11							
12							
13							
14							
15							
16							
17							
18							
19							
20							
21							
22							
23							
24							
Otras cosas							

He aquí algunas sugerencias que le ayudarán a seguir su agenda semanal:

1. Cada noche vea lo que tiene planificado para el día siguiente.

2. Si usted siente que se le están acumulando nuevas actividades, emergencias e imprevistos, dispóngase a realizarlas únicamente si presentan una alta prioridad. De lo contrario busque delegarlas. No sacrifique lo importante por lo urgente.

3. Reflexione sobre el hecho de haber planificado realizar esas actividades que aparecen para el día siguiente. Cuando se recuerda de la enorme importancia que tienen esas actividades a la luz de las metas y objetivos, se sentirá entusiasmado y motivado a hacerlas tal y como las ha planeado. Luego pregúntese que es lo que le está evitando cumplir con sus actividades planificadas y como podría eliminar esas barreras.

4. Al iniciar un nuevo día, consulte y siga su agenda. No permita que le distraigan actividades imprevistas, ni se sumerja en ellas.

5. Sea sensible a la dirección de Dios sobre alguna oportunidad especial, alguna emergencia o necesidad de otras personas.

6. Si alguna actividad previamente planificada en su agenda es cancelada por razones de fuerza mayor, siempre tenga a la mano algunas otras cosas listas para aprovechar el tiempo, tal como escribir cartas o dictarlas, planificar para actividades futuras, poner al día sus lecturas, orar, pensar, entre otras.

7. Si por alguna razón fuera de control no pudo realizar actividades de alta prioridad en el día, considere incorpóralas inmediatamente en los días próximos.

4. **Nuevas ideas:** Aplique ideas que ahorren tiempo. *"Aprovechando bien el tiempo, porque los días son malos."* Efesios 5:16.

Ideas que ahorran tiempo.

1. En cada actividad a realizar pregúntese usted mismo: ¿Para qué voy a hacer esto?, ¿Me acerca esto a mis metas y objetivos?, ¿Me hará esto mejor hombre de Dios?

2. Acostúmbrese a tomar decisiones dentro de un límite de tiempo previamente establecido por usted. No se quede estático, no evada innecesariamente. No trate de "reestudiar" situaciones que a todas luces requieren una decisión hoy.

3. Aprenda a decir que no. Recuerde que el enemigo principal de la excelencia, no es la mala actuación, sino las cosas buenas que nos hacen perder los objetivos.

4. Delegue todo lo que pueda. Reconozca a aquellas personas que le quieren ayudar. Asegúrese de instruirlas específicamente en lo que les pide que hagan o le harán perder más tiempo después.

5. Elimine los procedimientos imprácticos y fuera de uso. Recuerde que la diferencia entre el éxito y el fracaso muchas veces dependerán de nuestro sistema de trabajo.

6. Tenga un buen sistema para cada cosa que necesita hacer. (Calendarios, archivos, listas de correo y otros).

7. Tenga un buen sistema de procedimiento de información.

8. Consulte con otras personas que tengan puestos semejantes al suyo para obtener ideas de cómo ahorrar el tiempo.

9. Planifique en las noches, especialmente después de la cena. Puede realizar lecturas, estudio personal, tiempo con su familia y otros.

10. Use su tiempo durante sus viajes. Por ejemplo, escuchar cintas grabadas, poner al día sus lecturas, prepararse para compromisos futuros, estudiar.

11. Aproveche su tiempo en las terminales de autobús. Tenga siempre a la mano un portafolio como "escritorio portátil" en el cual disponga de los elementos necesarios para aprovechar el tiempo (hacer cálculos, escribir, estudiar).

ABC DE LA ADMINISTRACIÓN

12. Evite estar viajando de un lado a otro de la ciudad.

13. Mantenga su automóvil en buenas condiciones mecánicas.

14. Destine suficiente tiempo para pensar, de una a tres horas cada semana. Asegúrese de incluir ese tiempo para pensar como un punto importante en su agenda, más que tratar de improvisarlo. Eso puede lograrse mientras otras personas están durmiendo en casa. O retirándose a un lugar tranquilo.

Copiado de: Guillermo Luna A. Hacía una Administración Eficaz. Ed. Betania 1985. Pp. 121-132.

1. Escriba dos versículos que nos hablen del tiempo:
_____
_____
_____
_____
_____
_____

2. Enumere las tres cosas que no se puede hacer con el tiempo:
    a. _____
    b. _____
    c. _____

3. Escriba los cuatro elementos fundamentales que son necesarios para un buen manejo del tiempo personal.
    a. _____
    b. _____
    c. _____
    d. _____

4. Mencione dos de las recomendaciones generales para hacer una agenda semanal:
    a. _____
    b. _____

5. Escriba cinco sugerencias para usar una agenda semanal:

   a. _____
   b. _____
   c. _____
   d. _____
   e. _____

Elabore una agenda personal para una semana, según el modelo anterior.

VII. La conducción compartida.

(Por: Emilio N. Monti)

1. Estructuras de conducción.

En las definiciones corrientes de liderazgo encontramos de una o de otra manera, los elementos contenidos en ésta: "El liderazgo es la actitud de influir sobre la gente induciéndola a cooperar, para algún objetivo al que llegan a considerar como deseable". Tal definición supone que tiene que haber **líderes y liderados,** y que unos tienen que influir sobre los otros para imponerles sus objetivos como deseables.

En los estudios sobre el tema es común distinguir diversas estructuras, que motivan distintos tipos de conducción. Nos proponemos indicarlas brevemente, ya que resultan oportunas para aclarar un aspecto crucial del problema.

Se distingue en primer lugar la **estructura autócrata**, donde la conducción se da por medio de personas impuestas por una autoridad exterior o "elegidas" por el propio grupo, las cuales toman las decisiones por sí mismas. Estas decisiones se hacen "en nombre del grupo" y normalmente, a partir de los intereses de la autoridad. La autocracia puede ser evidente, como en el caso de un "Jefe" que se impone sin ambages. O bien, la forma más sutil del que la impone tras una aparente participación, que es ficticia. Estudios en la materia señalan la existencia de personalidades necesitadas de imponer autoridad o de someterse a ella. Tales conductas, más o menos normales, cierran el círculo vicioso de esta estructura. Generalmente esta conducción está ampliada a un grupo de segundones, sin autoridad, que permiten al autócrata afirmarse aún más sobre el resto. Este tipo de autoridad es ejercido comúnmente por personas que quieren mantener la preeminencia de una clase, sector, tradición, grupo o, sencillamente, su propia preponderancia.

Una estructura semejante es la **paternalista**, más atenuada ya que actúa supuestamente no por sus propios intereses, sino por los intereses del grupo; pero precisamente por ello, es más sutil. El conductor paternalista alega que "es por las necesidades del grupo" al que presupone incapaz de tomar decisiones por sí mismo, que "se siente obligado" a tomar las decisiones en su nombre. Esta estructura parece ser efectiva, y es muy aceptada, por la cordialidad que genera y es, en cierto sentido, un paso más allá de la autocracia. Este es el tipo de estructura que mayormente ha imperado en nuestras comunidades eclesiásticas. En esta estructura la participación de otros del grupo, cuando es pasiva, no pasa de ser de meros "ayudantes".

La **estructura democrática** es la más aceptada en nuestra sociedad occidental y rara vez puesta en duda, por ello es más difícil de advertir sus peligros. El líder democrático tiene, amplia confianza (o aparenta tenerla) en la capacidad de decisión del grupo. Se funda en el supuesto de que toda decisión tomada con libertad de expresión y elección es acertada, al menos en la medida en que esa libertad se utilice adecuadamente. Esta estructura genera un tipo de conducción permisiva, dejando la decisión a una ambigua autoridad que resultaría de la coincidencia de intereses. La libertad individual se valora por encima de los compromisos comunitarios. Los grupos permisivos suelen tener algunas eficiencias en situaciones en que no se requieren decisiones que impliquen un cambio de la misma estructura. Son sin embargo, muy poco efectivas donde hay que tomar decisiones de fondo y comprometidas. La responsabilidad suele ser difusa y se mueve siempre dentro de los límites que le impone la aceptación general. Sus decisiones son del tipo del "mínimo común denominador", nada efectivas en situaciones de "cambio revolucionario". Esta estructura está viciada por la actitud liberal de Laissez Fraire.

Una cuarta estructura, la de **participación comunitaria**, pretende una elevada cohesión del grupo, compartiendo las decisiones y el compromiso de la comunidad total, tomando en cuenta los dones y las capacidades personales y (además de los intereses y las necesidades particulares), las metas mayores de la comunidad. En este tipo de estructura no existe el líder como en las anteriores, en todo caso lo que existe es una conducción "democrática". Por ello es necesario advertir que conducción compartida no significa ausencia de conducción. Por el contrario implica una distribución adecuada de la responsabilidad y por lo tanto de la conducción, en las diversas áreas y niveles. Esta estructura no excluye la necesidad de personas o grupos con poder de decisión, solo que los responsables no cumplen las tareas de "mandamás" (como en el caso del autoritario o del paternalista); sino que la cumplen como una función para la cual son especialmente aptos o mejor aún, para lo cual fueron especialmente comisionados. Los responsables de la conducción en un determinado nivel, tampoco pueden renunciar, en aras de un liberalismo democrático, a una tarea que les ha sido encomendada como necesaria para la acción del grupo o comunidad. Compartir decisiones no significa que "todos" deban tomar "todas" las decisiones. Los métodos de "elección" y "consenso" suelen ser, muchas veces, nada más que cortinas de humo para cubrir métodos autocráticos o paternalistas.

2. La promoción de los conductores.

Debemos insistir, aun pecando de redundancia, en la limitación de toda tipología y de esta en particular. Ningún tipo de conductor existe puro como se lo plantea el investigador. Estos que hemos resumido son hipótesis de trabajo o tan solo herramientas de trabajo, para detectar los modos de relación que se dan paralelamente, y aun antagónicamente, en los mismos grupos y comunidades, y también en el mismo individuo. Estos tipos de conductores nos sirven, aquí, como orientación para procurar en nuestro grupo o comunidad los mejores elementos para la promoción y capacitación de personas para la conducción.

a) En la estructura autócrata la promoción de los miembros al liderazgo está totalmente inhibida. Es común oír al autócrata y a su grupo inmediato, quejarse de la ausencia de "nuevos valores" con capacidad de líderes. En realidad son ellos mismos quienes mantienen la estructura que impide la participación responsable y con ello la capacidad de los miembros del grupo para el liderazgo. Estos, por su parte, encuentran en la estructura la fórmula para no asumir tal situación, con visos de participación, democrática, no es más que un sistema engañoso de perpetuación de la autoridad.

b) El tipo de conducción paternalista, aunque aparentemente más efectivo, tiene el mismo efecto inhibidor sobre la promoción y formación de nuevos líderes. Esta conducción paternalista es insuficiente para ayudar a las personas a adquirir una nueva responsabilidad madura, y el inmaduro ayudará a preservar este tipo de estructura. Los que de alguna manera son "llamados" a participar del liderazgo son "digitados" por la autoridad paternalista. Este es siempre remiso en entregar su responsabilidad a otro, porque nunca "está seguro" de que el otro haya alcanzado la madurez necesaria. Por esta razón parece como "muy trabajador", aunque acostumbre a lamentarse de que se le carga con demasiado trabajo y se le deja solo. Normalmente, cuando por alguna razón debe pasar a otro su autoridad, se mantiene como "el consejero".

c) La estructura democrática se ha mostrado incapaz de proveer un liderazgo fuerte y comprometido, en situaciones de cambios revolucionarios, esta se mencionó arriba en el punto 1. En una sociedad tan individualista como la nuestra, los "intereses individuales" difícilmente se convierten en "intereses sociales". En tal situación el liderazgo, más que compartido, es competitivo. Teocráticamente, en esta estructura, llega a ser líder el mejor y más apto, pero esto no cubre más que un autoritarismo o algún tipo de influencia que nada tiene que ver con la aptitud para el liderazgo, en la actual situación, esta estructura es fácilmente copiada por un liderazgo de tipo autócrata o paternalista, si no quiere ser condenada a la ineficacia.

d) Consideramos que, al menos en nuestra actual situación, un tipo de participación comunitaria o social, como la descrita en el cuarto lugar, es la que facilita la más adecuada promoción y capacitación de sus miembros para la conducción. Es al mismo tiempo, la que permite una participación plena en las decisiones o compromisos de diferentes niveles. Afirmamos esto siempre con referencia "socialista" - ya que el interés social la distingue de la anterior en donde "todos" están llamados a asumir la responsabilidad y el compromiso en las decisiones y en la conducción, por lo tanto "todos" deben ser debidamente capacitados para la conducción. Para esto, la mejor preparación es la práctica misma de estos grupos o comunidades "socialistas".

Este tipo de conducción compartida descarta tres cosas:

1º Que hay líderes natos (nacidos para mandar). La capacidad de conducción se aprende como cualquier otra habilidad. La idea del líder nato no es más que una teoría para perpetuar una autoridad heredada o tradicional, ya que la aparente mayor capacidad innata no es más que el resultado de mayores oportunidades de aprendizaje, fomentadas por desniveles de situación social o económica, prestigio o por "ser el hijo de papi".

2º En segundo lugar se descarta toda idea de dignidad o jerarquía. Cualquier función de dirección no es más que cualquier otra, en todo caso, solo es de mayor responsabilidad.

3º Este tipo de participación descarta el carácter "carismático", que no es más que un disfraz de las formas autócratas y paternalistas. El supuesto "carisma" siempre aparece saciado con la situación económica y social, con el prestigio de clase o con otras formas de "influencia" que nada tienen que ver con los "dones espirituales".

Finalmente, queremos solo señalar los efectos positivos que seguirán dándose en este tipo de participación.

1º Todos los miembros están positivamente motivados. No así en otras formas, donde la motivación del líder, que debe empujar al resto, es evidentemente muy superior.

2º Permite un desarrollo armonioso de los distintos miembros, de acuerdo con sus propias inclinaciones, pero mirando siempre al interés total.

3º La comunicación en este tipo de grupo o comunidad es más amplia y plena, concretándose en todas las direcciones y no en una sola vía como suele ser la comunicación de los grupos autoritarios.

4º Las decisiones sugeridas de estos grupos son más reales y efectivas porque responden a un interés social y a un compromiso compartido.

ABC DE LA ADMINISTRACIÓN

Este tipo de estructura es la que más conviene a la tarea de la Iglesia, si entendemos esta misión como el trabajo de alguien comprometido con la tarea, como con su Señor.

Testimonio cristiano, Buenos aires, No. 3 Julio de 1973, citado por SEBILA 1982. Costa Rica C. A.

Lea Marcos 15:1-20, *"Muy de mañana, habiendo tenido consejo los principales sacerdotes con los ancianos, con los escribas y con todo el concilio, llevaron a Jesús atado, y le entregaron a Pilato. Pilato le preguntó: ¿Eres tú el Rey de los judíos? Respondiendo él, le dijo: Tú lo dices. Y los principales sacerdotes le acusaban mucho. Otra vez le preguntó Pilato, diciendo: ¿Nada respondes? Mira de cuántas cosas te acusan. Más Jesús ni aun con eso respondió; de modo que Pilato se maravillaba. Ahora bien, en el día de la fiesta les soltaba un preso, cualquiera que pidiesen. Y había uno que se llamaba Barrabás, preso con sus compañeros de motín que habían cometido homicidio en una revuelta. Y viniendo la multitud, comenzó a pedir que hiciese como siempre les había hecho. Y Pilato les respondió diciendo: ¿Queréis que os suelte al Rey de los judíos? Porque conocía que por envidia le habían entregado los principales sacerdotes. Más los principales sacerdotes incitaron a la multitud para que les soltase más bien a Barrabás. Respondiendo Pilato, les dijo otra vez: ¿Qué, pues, queréis que haga del que llamáis Rey de los judíos? Y ellos volvieron a dar voces: ¡Crucifícale! Pilato les decía: ¿Pues qué mal ha hecho? Pero ellos gritaban aún más: ¡Crucifícale! Y Pilato, queriendo satisfacer al pueblo, les soltó a Barrabás, y entregó a Jesús, después de azotarle, para que fuese crucificado. Entonces los soldados le llevaron dentro del atrio, esto es, al pretorio, y convocaron a toda la compañía. Y le vistieron de púrpura, y poniéndole una corona tejida de espinas, comenzaron luego a saludarle: ¡Salve, Rey de los judíos! Y le golpeaban en la cabeza con una caña, y le escupían, y puestos de rodillas le hacían reverencias. Después de haberle escarnecido, le desnudaron la púrpura, y le pusieron sus propios vestidos, y le sacaron para crucificarle."*

Ahora identifique el estilo administrativo que se usó:

Creo que el estilo fue:

_____

¿Por qué?

_____

VIII. Estilos de liderazgo.

A. Tipos de líder.

1	2	3	4
AUTORITARIO EXPLOTADOR	AUTORITARIO BENÉVOLO	CONSULTIVO	PARTICIPANTE
Autócrata, dictador, imponente, tirano, prepotente, cacique, déspota.	Paternalista, "Hijos, dejen que papá lo arregle".	Consulta a la gente y él decide. Le pregunta a unos cuantos y después dice: "el pueblo piensa esto".	Hay confianza en la gente, como personas, no como objetos.
Ve a la gente como a hijos, pero no como a sus hijos.		ACONSEJARME SI, CONTRADECIRME NO.	Hay participación en todas las direcciones.

Conteste las siguientes preguntas:

¿Con qué tipo de liderazgo identifica su ministerio?
_____

¿Por qué? _____
_____

B. Tipos de pastor.

PASTORES O ARRIEROS

1. El pastor dictador:

Es un gran cacique, su lema es "Aquí solo mando yo". A cualquier otro ministerio lo ve como un rival (Mateo 2).

EL PASTOR DICTADOR

Cuando Jesús nació en Belén de Judea en días del rey Herodes, vinieron del oriente a Jerusalén unos magos, diciendo: ¿Dónde está el rey de los judíos, que ha nacido? Porque su estrella hemos visto en el oriente, y venimos a adorarle. Oyendo esto, el rey Herodes se turbó, y toda Jerusalén con él. Y convocados todos los principales sacerdotes, y los escribas del pueblo, les preguntó dónde había de nacer el Cristo. Ellos le dijeron: En Belén de Judea; porque así está escrito por el profeta: Y tú, Belén, de la tierra de Judá, No eres la más pequeña entre los príncipes de Judá; Porque de ti saldrá un guiador, Que apacentará a mi pueblo Israel. Entonces Herodes, llamando en secreto a los magos, indagó de ellos diligentemente el tiempo de la aparición de la estrella; y enviándolos a Belén, dijo: Id allá y averiguad con diligencia acerca del niño; y cuando le halléis, hacédmelo saber, para que yo también vaya y le adore. Ellos, habiendo oído al rey, se fueron; y he aquí la estrella que habían visto en el oriente iba delante de ellos, hasta que llegando, se detuvo sobre donde estaba el niño. Y al ver la estrella, se regocijaron con muy grande gozo. Y al entrar en la casa, vieron al niño con su madre María, y postrándose, lo adoraron; y abriendo sus tesoros, le ofrecieron presentes: oro, incienso y mirra. Pero siendo avisados por revelación en sueños que no volviesen a Herodes, regresaron a su tierra por otro camino. Después que partieron ellos, he aquí un ángel del Señor apareció en sueños a José y dijo: Levántate y toma al niño y a su madre, y huye a Egipto, y permanece allá hasta que yo te diga; porque acontecerá que Herodes buscará al niño para matarlo. Y él, despertando, tomó de noche al niño y a su madre, y se fue a Egipto, y estuvo allá hasta la muerte de Herodes; para que se cumpliese lo que dijo el Señor por medio del profeta, cuando dijo: De Egipto llamé a mi Hijo. Herodes entonces, cuando se vio burlado por los magos, se enojó mucho, y mandó matar a todos los niños menores de dos años que había en Belén y en todos sus alrededores, conforme al tiempo que había inquirido de los magos. Entonces se cumplió lo que fue dicho por el profeta Jeremías, cuando dijo: Voz fue oída en Ramá, Grande lamentación, lloro y gemido; Raquel que llora a sus hijos, Y no quiso ser consolada, porque perecieron. Pero después de muerto Herodes, he aquí un ángel del Señor apareció en sueños a José en Egipto, diciendo: Levántate, toma al niño y a su madre, y vete a tierra de Israel, porque han muerto los que procuraban la muerte del niño. Entonces él se levantó, y tomó al niño y a su madre, y vino a tierra de Israel. Pero oyendo que Arquelao reinaba en Judea en lugar de Herodes su padre, tuvo temor de ir allá; pero avisado por revelación en sueños, se fue a la región de Galilea, y vino y habitó en la ciudad que se llama Nazaret, para que se cumpliese lo que fue dicho por los profetas, que habría de ser llamado nazareno."

2. El pastor esclavo:

Es el que hace el trabajo de todos; él dirige, predica, exhorta, canta, toca, recoge la ofrenda. ¡Es el pastor orquesta!

EL PASTOR ESCLAVO

3. El pastor cooperador:

Es el que reconoce y participa con otros ministerios. Sabe trabajar en equipo y en comunión con sus colegas. Sabe cuál es su papel.

EL TRABAJO EN EQUIPO

¿Qué estilo de pastorado practica usted?
_____

¿Por qué? _____

¿Qué hará usted para mejorar?
_____

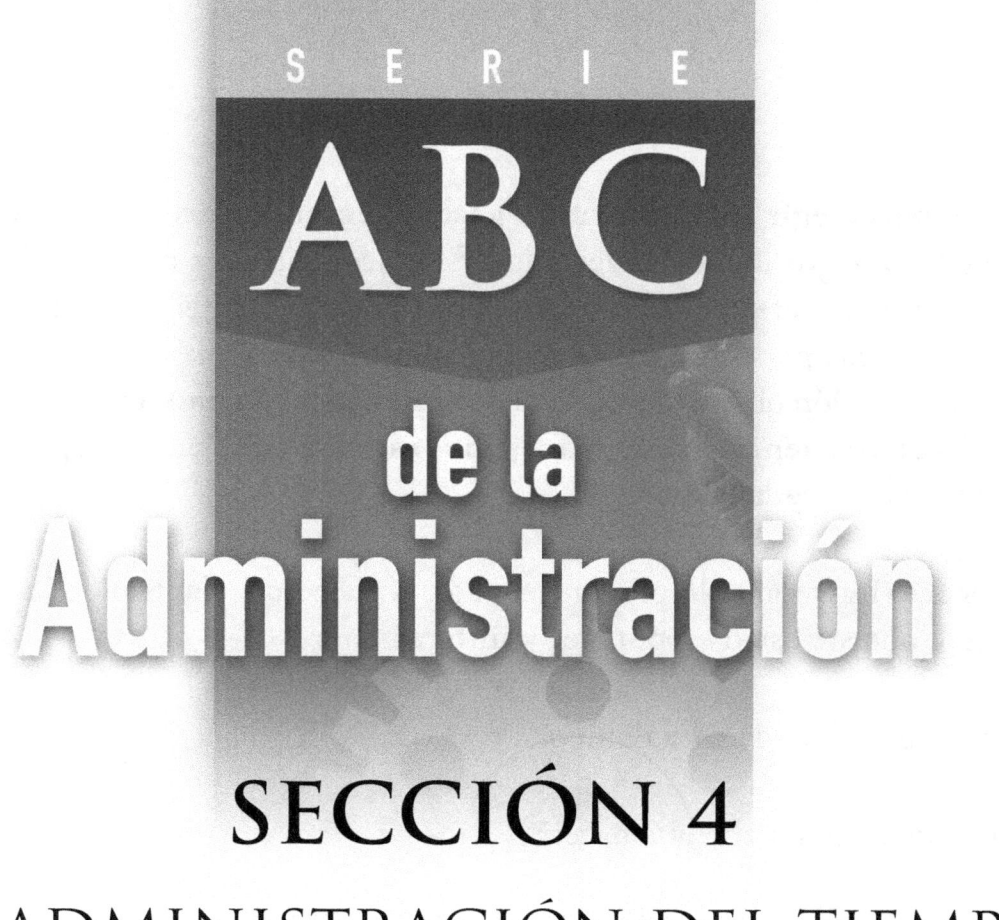

SERIE ABC de la Administración

SECCIÓN 4
LA ADMINISTRACIÓN DEL TIEMPO

"Todo tiene su tiempo, y todo lo que se quiere debajo del cielo tiene su hora." Eclesiastés 3:1

Para comenzar, que les parece la siguiente historia:

"Imaginémonos que cada mañana un banco nos acredita la suma de $86,400 dólares. No requiere documentos, firmas, ni garantías y cada día desinteresadamente te acredita esa misma suma que supone necesitas para vivir. No acumula el saldo del día anterior ni permite que se sobregire la cuenta. No acepta pagos diferidos ni depósitos a 30 días. Y cuando termina el día, da como perdido el saldo a favor que no hayas invertido en un buen propósito. ¿Qué harías? Retirar hasta el último centavo, por supuesto".

Esta historia la leí de "Patricia Hashuel", y me pareció muy atinada para comenzar con esta sección ya que resulta que el tiempo es uno de los recursos que no se puede guardar o ahorrar. No existe la posibilidad de "acumular tiempo".

No podemos elegir entre ahorrar o gastar tiempo, no existe otra opción más que gastarlo, o mejor dicho, "invertirlo". Entonces debemos descubrir la forma de utilizarlo con mayor efectividad. Durante toda nuestra vida, tenemos algo en común con el resto de las personas, sin importar nuestra posición social, raza, credo, ni ninguna otra división que se nos pudiera ocurrir. **Todos tenemos en común 24 horas por día. En consecuencia, cómo manejemos ese lapso de tiempo depende única y exclusivamente de cada persona.**

Un ejercicio interesante lo propone el autor K. Gleeson, planteando las siguientes preguntas. Conteste usted espontánea y sinceramente:

¿Siente que siempre le falta tiempo?

¿Siente que tiene mucho que hacer?

¿Se siente agobiado por todo lo que le sucede en la oficina?

¿Siente que, la mayor parte del tiempo, está enterrado en montañas de papeles?

¿Quisiera tener más tiempo del que dispone para hacer lo que quiere?

¿Trabaja horas extras con frecuencia, por las noches, o durante el fin de semana para ponerse al día en asuntos que no puede hacer durante las horas hábiles?

¿Se pone tenso por lo que no logra hacer?

¿No puede enfocarse en el mejoramiento a largo plazo de su vida y su trabajo porque está sujeto a una crisis continua o a una carga excesiva de trabajo?

¿Se pregunta si realmente está logrando lo que quiere en su trabajo y en su vida?

¿Le gustaría obtener mejores resultados en relación con el tiempo y el esfuerzo que invierte en su trabajo?

¿Le gustaría descansar o tomar vacaciones con mayor frecuencia?

Gleeson expresa que "la mayoría de las personas responden con un sonoro "sí" cuando se les hacen estas preguntas. Si usted también contestaría "sí", se va a llevar una agradable sorpresa: Estos problemas pueden ser solucionados. Puede lograr lo más importante para su trabajo y para usted, y aún tener tiempo libre para sus asuntos personales, para su familia y para las demás cosas que quiera realizar".

El autor Marc Manzini afirma que, **"Somos dueños de nuestra productividad en la misma medida en que somos dueños de nuestro tiempo y existen una serie de técnicas que pueden ayudarnos"**.

Está sección le dará a conocer a usted algunas de las técnicas y la forma de aplicarlas, para que su vida, como lo dice Manzini, se vuelva más productiva. Aquí se mezclan ideas de autores, y experiencias que el autor ha tenido en el transcurso de muchos años de labor, por lo que se espera que el amigo lector obtenga el máximo provecho de la lectura del presente libro.

I. Formas de considerar el tiempo.

Al hacer referencia al "tiempo", podemos darnos cuenta que es un concepto muy voluble, en ocasiones rígido, en ocasiones elástico, y así deambula por la vida. Para muestra un botón, veamos las frases que a diario utilizamos para referirnos al tiempo: El tiempo vuela, el tiempo se detiene, el tiempo pasa, entre otras.

En el Modern Business Reports (MBR) o Reportes Modernos de Negocios, se presentan las siguientes formas de considerar el tiempo:

El tiempo como amo.

El tiempo como enemigo.

El tiempo como misterio.

El tiempo como esclavo.

El tiempo como árbitro.

El tiempo como fuerza neutral.

Analicemos brevemente cada una de estas formas de considerar el tiempo:

A. El tiempo como amo.

Ocurre cuando una persona le confiere fuerza externa, por ejemplo, decimos "los dictados del tiempo", la cual no es una mera frase sino una declaración o credo en el poder que el tiempo tiene sobre nosotros. Si consideramos al tiempo de ésta forma, le otorgamos pleno poder para convertirlo en el piloto y nosotros nos convertimos en simples pasajeros. Otras frases que reflejan este tipo de actitud son: "es solo cuestión de tiempo", "solo el tiempo lo dirá", "el tiempo no espera a nadie". Según el MBR, existen algunos comportamientos típicos y específicos de la gente que se considera a sí misma esclava del tiempo. Entre estos detallan los siguientes:

1. *Abandonar la idea de hacer algo porque es "muy tarde" o "muy temprano" para ello,* aunque uno realmente quisiera hacerlo. Por ejemplo, privarse de ir a una fiesta o a un juego de naipes porque eso lo tendría a uno despierto más allá de la hora acostumbrada; o rehusar la invitación a un partido de fútbol vespertino que contribuiría a relajar las tensiones del día, porque eso requeriría dejar la oficina antes del horario habitual de salida.

2. *Formarse hábitos personales muy rígidos fijados al reloj, sin tener en cuenta otras ventajas.* Por ejemplo, algunas personas se levantan exactamente a la misma hora cada día, independientemente de lo que tengan que hacer o aunque en

ese determinado día prefieran mucho más quedarse en la cama. Otros toman su almuerzo habitualmente a las doce en punto aunque no tengan hambre.

3. *Atarse a un horario predeterminado aun cuando un pequeño incumplimiento del mismo nos daría algún placer, nos acarreará una consecuencia adversa.* Un ejecutivo que asiste a una convención, por ejemplo, abandonó una sesión en la cual estaba profundamente interesado debido a que se extendió más allá del tiempo destinado para la misma, aunque la sesión siguiente a la cual tenía programado asistir era de mucho menos importancia para él. Otro ejecutivo se empeña en tomar el tren de las 5:45 a.m. todos los días aunque para ello tenga que sofocarse, en vez de tomar con más calma y descansadamente el tren de las 5:55 a.m. o el de las 6:05 a.m.

4. *Confiar en el reloj más que en otros indicios para determinar qué es lo más apropiado para hacer.* Algunos ejecutivos creen que un periodo de una hora es el lapso adecuado para una reunión de negocios, no importa cuál sea el tema que deba tratarse o el grado de importancia de la discusión. Otros se sienten incómodos cuando las llamadas telefónicas de larga distancia pasan de, digamos, 10 minutos, aunque la llamada ahorre días de viaje o una reunión. Este tipo de comportamiento puede redundar en llevar una vida más fácil, debido a que se tienen menos decisiones que tomar. O la persona se libera de responsabilidades simplemente diciendo "no depende de mí, lo dice el reloj".

Pero el MBR establece que hay muchos inconvenientes en esta actitud con respecto al tiempo. Al abdicar la responsabilidad de las decisiones que se presentan minuto a minuto, el individuo erige rígidas barreras a su alrededor que sirven como una protección contra posibles confusiones, inseguridades, incertidumbres y riesgos; pero que también pueden coartar las oportunidades en el trato espontáneo entre personas, en el desenvolvimiento personal y aún obstaculizar el desarrollo de descubrimientos mayores en la profesión de cada uno. Cuando el tiempo es el amo, los otros valores y objetivos toman un segundo lugar.

B. El tiempo como enemigo.

El MBR establece que cuando se ve al tiempo como a un enemigo, significa que debemos prepararnos para una batalla. Expresamos con determinación "ganarle al reloj", como si pudiéramos acumular como capital los pocos minutos u horas que se ganan. Sin embargo, el tiempo continúa su marcha.

El MBR establece los siguientes comportamientos típicos de las personas que tratan de "ganarle" al tiempo.

1. *Cuando existe una carrera por vencer horarios y plazos, sin importar lo que la actividad requiera.* Por ejemplo, un ejecutivo que guía su coche todas las mañanas al trabajo, se divierte tratando de encontrar caminos más cortos para "establecer un récord". O un gerente que se esfuerza enormemente para cumplir con un plazo extremadamente corto que él mismo se impuso para una asignación de tareas, aunque a nadie le importe que ese trabajo se cumpla con tal brevedad.

2. *"Sentirse triunfante por llegar temprano o vencido por llegar tarde.* En este caso la gratificación o mortificación se relacionan solamente con el propósito para el cual el tiempo está destinado. Por ejemplo, algunos ejecutivos tienen el hábito de presentarse temprano a las reuniones, aunque luego deban esperar hasta que los demás lleguen. Otros se sienten mortificados cuando llegan aunque sea unos pocos minutos tarde a una cita, no por el inconveniente que causen a otra persona, sino porque lo consideran una batalla perdida frente al tiempo".

3. *Juzgar a otras personas por la eficiencia en el empleo del tiempo más que por la eficacia en la realización del trabajo.* Esto es algo que ocurre a menudo en nuestra vida cotidiana con más frecuencia de la que imaginamos.

El MBR expresa que cuando la lucha contra el tiempo adquiere un valor supremo, un jefe tiende, por ejemplo, a valorar más a un subordinado que obtiene rápidos resultados que a otro que analiza más profundamente hasta encontrar la solución más correcta. El mismo jefe prefiere a un colega que dirige las reuniones en el tiempo preciso, más que a otro cuyas reuniones son más flexibles, independientemente de los resultados de unas y de otras. Tomar al tiempo como a un enemigo tiene sus pros y sus contras según el MBR. Una ventaja de considerar al tiempo como a un enemigo es que se estimula el espíritu de competencia, que muchos piensan que es la llave del éxito. Otro atractivo es el impulso de vencer a las fuerzas naturales, primarias, de las cuales el tiempo es nuestro contacto inmediato. El mayor inconveniente de luchar contra el tiempo es, por supuesto, lo inevitable del fracaso eventual. Pero hay también consecuencias negativas inmediatas. Cuando la mente está casi constantemente en estado de guerra, pocas experiencias, pocas relaciones, y hasta pocos logros y momentos felices pueden apreciarse en su totalidad. Se torna difícil vivir en el presente cuando nuestra mente está constantemente en estado de alerta preparándose para la próxima batalla. Las satisfacciones son pasajeras y la vida pierde atractivo.

C. El tiempo como misterio.

Si tomamos el tiempo como "misterio", este se convierte en algo ajeno a nuestro interés consciente. Dice el MBR que "esta actitud con respecto al tiempo es similar a la que tenemos comúnmente hacia nuestro cuerpo. Por ejemplo, no somos conscientes de nuestro estómago hasta que éste se descompone y nos duele. El ver al tiempo como un misterio da a veces buen resultado; pero otras, el poder del tiempo pareciera descender desde algún lugar exterior a nosotros causando estragos en nuestros planes y propósitos".

A continuación veremos algunos comportamientos que acompañan por lo general a la actitud de considerar al tiempo como un misterio, y que han sido retomados del MBR.

1. *Concentrarse intensamente en la tarea que se está realizando.* El científico de un laboratorio es un ejemplo típico de esta clase de propósito único; y también lo es todo ejecutivo cuando permite que un solo aspecto del trabajo oblitere todas las otras consideraciones.

2. *Considerar con desconfianza y tal vez con envidia a la gente que demuestra tener otras ideas con respecto al tiempo.* Cuando el tiempo parece estar fuera de nuestro control, es difícil tratar con otra gente cuya relación con el tiempo es más directa. El artista o el hombre teórico pueden ser un ejemplo de este caso. También lo es el hombre exitoso de empresa para quién el día de trabajo de ocho horas resulta muy rígido y limitado.

3. *Preocuparse acerca de consecuencias imprevistas.* Cuando el tiempo nos parece un misterio, resulta difícil predecir lo que nos traerá. Cuando el tiempo parece venir e irse sin ninguna explicación racional, uno no puede proyectar con precisión sus necesidades, recursos, ni tampoco las reacciones de los demás en el futuro. Esta actitud prevalece aún en las personas más racionales cuando enfrentan situaciones de cambios repentinos, intensos, o de mucho alcance, donde los puntos de referencia previamente establecidos varían rápidamente.

4. *Negarse a tomar compromisos de tiempo muy definidos.* Si usted se enfrenta con algo que no ha hecho nunca anteriormente, el tiempo repentinamente puede tornarse un misterio. Uno no sabe cuánto tiempo se prolongará cada fase. Para muchas personas esta actitud es habitual; ellas consideran muchas de sus tareas y actividades como "nuevas", e impredecibles, y al dedicarse a lo que sobreviene, piensan que no pueden predecir cuánto tiempo les absorberá. Muchos de nosotros tomamos esta actitud, buscando evitar que el manejo del tiempo se "convierta en un problema", ya que de esta manera podemos concentrarnos en las actividades inmediatas. Pero resulta que tomemos o no tomemos en cuenta el factor "tiempo", éste siempre nos termina afectando en todo lo que hacemos.

D. El tiempo como esclavo.

En este caso, el individuo trata de mantener el control del tiempo. Uno de los puntos centrales es hacer el uso exacto del tiempo. El MBR identifica los siguientes comportamientos cuando se toma ésta actitud:

1. *Vivir en el futuro.* Cuando cada día de la semana debe ser dominado por la voluntad, se requiere necesariamente tener una planificación previa del tiempo; y al estar cada día planificado, el tiempo presente requiere solo la ejecución del plan, mientras que nuestras energías efectivas se concentran en perfeccionar el plan del día o de la semana siguiente. Las reuniones suministran ejemplos excelentes de este fenómeno en acción. En lugar de sumergirse en el diálogo corriente, la gente piensa en lo que va a decir a continuación, lo que va a hacer cuando se termine la reunión, qué planes deben trazarse para implementar lo que se está diciendo en el presente.

2. *Sentirse culpable o avergonzado por ser espontáneo.* Cuando una persona siente la necesidad de ejercer el control total sobre el tiempo, ceder a la tentación de desviarse de los planes trazados, representa una derrota o, por lo menos, una indisciplina. Muchos ejecutivos, cuando deben permanecer más tiempo que el previsto en un almuerzo de negocios (aunque sea eminentemente productivo) se sienten, no obstante, frustrados e insatisfechos.

3. *Sentirse abrumado por las responsabilidades.* Propiedad, posesión, control y dominio, pueden resultar cargas abrumadoras. Cuando se siente la necesidad de explotar al máximo las posibilidades de cada segundo, el resultado es frecuentemente el agotamiento. Ejemplos de este tipo, pueden verse cuando individuos llevan "trabajo a casa" durante un periodo vacacional, o también, cuando los mandos superiores no pueden delegar trabajo a los subalternos, ya que tienen miedo a perder el control.

Además, el MBR destaca que "las atracciones de esta actitud hacia el tiempo están entre las más ampliamente reconocidas por la sociedad occidental. Se supone que esta actitud es el fundamento del trabajo y del logro. Suministra una norma y media del valor individual y establece una simple escala de valores personales; es loable usar el tiempo eficientemente; es deplorable malgastarlo en formas improductivas".

E. El tiempo como árbitro.

Cuando una persona considera al tiempo como "árbitro" en su vida, simplemente significa que lo está considerando como a un juez. En este caso, el MBR señala los siguientes casos cuando se considera al tiempo como árbitro:

1. *Adquirir los medios de precisión cronológica absoluta.* Algunas personas invierten mucho dinero en relojes de precisión, otros equipan sus casas y oficinas con una gran variedad de relojes a los que dan cuerda ceremoniosamente, y otros están frecuentemente pendientes de los radios receptores para informarse de la hora del día. Estos comportamientos significan que la persona está en sincronización con el árbitro, de quien obtienen las señales precisas.

2. *Mentir y encubrir.* Aun cuando haya concedido al tiempo la autoridad de árbitro, no significa que usted acepte siempre de buen agrado sus "decisiones".

Es por eso que la gente utiliza frases como "escaparse para un descanso", "robar un momento", para indicar que:

a) Ellos saben que están contraviniendo las "órdenes" y que no deberían estar haciendo lo que hacen;

b) Ellos lo quieren hacer y lo harán de todas maneras; y

c) Ellos aceptan la culpa por la infracción cometida, pero esperan de alguna manera escapar al castigo que merecen.

3. Desear complacer a la autoridad externa. Psicológicamente, el reloj representa al padre, maestro o jefe. Observe que las personas en tal estado psicológico no miran el reloj para tener una información neutral; más bien, al ver la hora, sonríen, se preocupan o se agitan por el mensaje implícito que les envía el instrumento.

4. Ceder a la tentación de cambios periódicos en las actividades normales. La gente que ve al tiempo como a un árbitro siente a veces la necesidad de escapar a sus designios por un momento. Esto explica el comportamiento incongruente de la persona concienzuda y altamente disciplinada en su trabajo, que en los días de asueto se dedica a escalar montañas o se deja crecer la barba. O el empleado muy responsable que, sin tener síntomas de ninguna enfermedad, llama a la oficina para dar parte de enfermo después de haber completado una labor muy exigida el día anterior.

Además, el MBR también advierte que, **"el gran inconveniente, sin embargo, es que el mecanismo humano es demasiado complejo para ser juzgado simplemente en su cronometraje. Los ritmos internos son variados y cambiantes. La gente que se empeña en amoldar su comportamiento al reloj descubre finalmente que no desarrolla sus potenciales, en detrimento propio y de su trabajo"**.

F. El tiempo como fuerza neutral.

Un simbolismo muy interesante es brindado por el MBR al expresar que: *"El tiempo es como un recurso natural que se nos otorga al nacer. En cierto sentido es, como el aire, un medio de sustentación; y, como los dedos y las manos, un medio de aplicaciones tan variadas y complejas como nos permita nuestra imaginación. Los minutos y las horas, aun las semanas y los años, son imágenes convenientes de tiempo que dan a la gente una base común para compartir y comprender lo que ocurre, y para disponer lo que se espera que ocurra".*

La idea final es llegar a vencer la preocupación por el devenir de las horas, a fin de tener una visión del tiempo que se dispone en su totalidad. Solamente así podremos tomar completa responsabilidad de nuestro tiempo, y hacer lo que realmente deseemos hacer con éste recurso tan valioso.

Dejar de ver al tiempo como a un amo, como a un enemigo, como un misterio, como esclavo o como árbitro es la idea final de esta sección. La mejor manera de tomar el tiempo es como un factor neutral en nuestras vidas, que fluye y existe hasta que nosotros determinemos lo que deseamos hacer con él.

II. ¡Creando un nuevo hábito!

K. Gleeson coloca el siguiente ejemplo: "**Es posible adoptar nuevas maneras de hacer las cosas desarrollando nuevos hábitos.** Puede ser que haya entrado a un restaurante nuevo por curiosidad o por accidente, y darse cuenta que le gustó, lo que le induce a regresar una y otra vez. Algo similar sucede con los hábitos nuevos, **hay que empezar por adoptarlos, empezando por uno en particular, el hábito de actuar ahora. Hágalo ahora, en el momento en que una idea positiva cruce su mente para probar un método nuevo de hacer su trabajo.** Intente manejar a su oficina con una ruta diferente, cuando sienta el impulso de hacerlo".

Para saber manejar mejor nuestro tiempo, debemos entonces crear nuevos hábitos, y eliminar los malos hábitos. A continuación algunas ideas para realizar esto retomadas de K. Gleeson:

A. **Construya una lista diaria de "cosas para hacer" y refiérase a ella frecuentemente.** Usted puede comenzar a hacer una lista de "cosas para hacer" sólo después de experimentar el éxito usando un calendario de planificación, tal como el que se detalla en este libro. Durante la primera revisión de su planificador en la mañana, haga una lista de todo lo que tiene que hacerse durante ese día. Mantenga la lista relativamente corta, por ejemplo, de 5 a 10 cosas que atender, de tal forma que usted pueda tener éxito al completar toda su lista. Sea realista acerca de lo que se puede realizar en un día y recuerde programar algún "tiempo personal" incluyendo una actividad o tiempo individual como uno de los ítems.

B. Haga una lista de acciones específicas en vez de conceptos vagos. Por ejemplo, "comprar flores para mi esposa" sería un ítem más específico que "ser amable con mi esposa". Examine continuamente la lista y asigne a cada cosa fecha y hora específicas en el planificador diario. Trate de completarlas según lo programado, tratando siempre de revisar su lista y cumplir con las cosas ahí escritas. Subraye o tache las cosas que ya haya realizado, y evalúe las que tiene pendientes de realizar.

C. Cuando finalice el día, vuelva a la lista y revísela. Es importante que usted se auto felicite siempre que haya completado todas las cosas que tenía pendientes realizar.

D. Cuando le queden actividades pendientes de realizar, simplemente páselas a la lista del día siguiente. Pero si esto ocurre con frecuencia, puede ser que usted esté tratando de abarcar más de las actividades que usted puede desarrollar. En este caso, otra sugerencia es que delegue algunas actividades, para concentrarse en las prioritarias.

E. Escriba en orden de prioridad su lista y actúe de acuerdo a ella. Usted puede desarrollar su lista de "cosas pendientes" colocándoles sus respectivas prioridades. Por ejemplo, puede ordenarlas de "mayor a menor", otro sistema es de clasificarlas como "primarias", "secundarias" y "pendientes de realizar".

K. Gleeson es categórico al afirmar que usted debe elegir el método que mejor se acomode a su estilo, y comience a poner en orden de prioridad su lista de "cosas pendientes". Otro punto importante a destacar, es el hecho de practicar afirmaciones que le sean de utilidad para mantener el ritmo de trabajo y no desviarse de su lista de prioridades durante todo el día. Por ejemplo, algunas afirmaciones que usted puede repetirse a lo largo del día son: "Sigue adelante, ya casi terminas"; "Vamos, concéntrate"; "Finalizo mis prioridades con éxito", etc. Cabe destacar que éste tipo de afirmaciones se recomienda que sean en forma positiva, y evitar afirmaciones del tipo "No me distraigo", hay que evitar el "No".

III. Un sistema particular.

Continuando con el tema de hacer una lista, el autor J. T. McCay nos propone los siguientes pasos para desarrollar una lista de prioridades:

- Tomemos dos hojas de papel.

- Encabecemos una de ellas con el rótulo "TENGO QUE HACER...", y la otra con un "CONVIENE QUE HAGA...".

- En la hoja rotulada "TENGO QUE..." pongamos una lista solamente de aquellas cosas que debamos hacer hoy.

- En la otra hoja, bajo el rótulo "CONVIENE QUE HAGA..." escribamos todas aquellas cosas que creamos que deben hacerse, que sintamos como dignas de llevarse a cabo.

- Archivemos la lista correspondiente al "CONVIENE QUE HAGA..." para futuras referencias.

- Ejecutemos punto por punto lo anotado en nuestra hoja titulada "TENGO QUE...". El mismo J. T. McCay dice que la clave del método estriba en la selección de aquellos ítems que deben ponerse en la lista bajo el rótulo "TENGO QUE...". No debe incluirse nada que no suponga como respuesta un SI, a la siguiente pregunta: *¿Se perjudica en algo mi trabajo, mis colaboradores o mi familia, aunque sea de modo insignificante, si dejo de hacer esto hoy?*

Al hacer esto le sorprenderá las pocas cosas que en realidad tenemos que hacer. De la misma forma, al estudiar la lista de las cosas que "CONVIENE QUE HAGA", vera que muchos de estos puntos carecen de importancia. Concluye McCay diciendo que "si practicamos este procedimiento, encontraremos un ahorro de tiempo desde el primer día. Este tiempo ahorrado debemos utilizarlo para trazar de inmediato objetivos a desarrollar en los próximos tres meses, y así sucesivamente".

A. ¿Cuándo comenzar?, ¡Ya!

El autor J. T. McCay expresa que *"la llave para alcanzar el éxito en el manejo del tiempo, como en todo, se cifra en el deseo. Necesitamos despertar un apasionado deseo para desarrollar nuestras potencialidades. Cuanto hagamos debe estar supeditado a ese deseo"*.

Walter Russell, filósofo, pintor y escultor norteamericano, afirma: *"la mediocridad es una auto-imposición; la genialidad es un auto-otorgamiento"*. Si queremos tener éxito en nuestras labores diarias, debemos comenzar "YA".

J. T. McCay también apunta que *"no importa cuál sea el nivel de desarrollo de nuestras habilidades, nuestra capacidad potencial es de tal modo grande, que no nos alcanzará la vida para actualizarla. **Sea cual sea nuestra preparación académica, nuestra experiencia, posición o edad, nunca es tarde para emprender la aventura de dominar el tiempo**"*.

Bien dicen que "nunca es tarde para comenzar", así que usted, amigo lector, no importa la edad que tenga, no importa su condición social, ni sus grados académicos, solamente importa una cosa, "el deseo de manejar mejor nuestro tiempo". De tal forma que le invitamos a obtener el mayor provecho de este libro, para que usted se convierta en un *triunfador ante el tiempo*.

Un caso interesante nos plantea el autor Kerry Gleeson, quien establece en su obra que cuando una persona solicita su ayuda para organizarse mejor, lo primero que hace es pedirle que **"ordene su escritorio"**. Nuestra área de trabajo es muy importante dentro de nuestra vida profesional, por tal motivo, ordenar el escritorio y ejecutar las actividades pendientes es una tarea que debido a las "malas costumbres" no realizamos, pero debería ser parte de nuestra filosofía diaria de trabajo. Y a partir de lo anterior, K. Gleeson relata la siguiente anécdota: *"Una primera visita con un cliente incluyó una limpieza total de su escritorio. Trabajamos con cada uno de los papeles que ahí había, uno por uno, hasta que todo lo que podía hacerse se había hecho. **Hablamos acerca de resolver todos los asuntos desde la primera vez, explicando el "Hágalo ahora", y el cliente quedó tan impresionado que se comprometió a adoptar el "Hágalo ahora" como su nueva filosofía de trabajo**"*.

B. Permanecer siempre en el presente.

El MBR establece que **"el tiempo verdadero o real", tanto para personas como para computadoras, significa "ahora"**. De tal forma que lo único que debe interesarle a usted es el "ahora", el "presente". En consecuencia, enfóquese en lo que tiene que hacer hoy, no en el ayer, ni en el mañana, ya que esto solamente es una interferencia para que usted realice efectivamente las actividades de hoy.

Aproveche al máximo cada momento del día. Para lograr esto, el MBR propone las siguientes guías que se transcriben textualmente:

1. *Acepte la responsabilidad de sus decisiones.* En cada momento, cualquiera que sea la cosa que esté haciendo, usted ha elegido hacerla. Nadie lo ha obligado a ello. Si eligió desacertadamente, usted tiene la posibilidad de cambiar. Si eligió bien, tiene que hacerlo lo mejor que pueda.

2. *Considere cada decisión positivamente.* Usted ha decidido emplear una hora en algo; dedíquele pues, esa hora. No diluya su energía con dudas o preocupaciones sobre otras cosas que usted no está haciendo en el momento o con lo que piensa hacer en el futuro.

3. *Si algo lo perturba continuamente, confróntelo.* A veces, algún problema se torna obsesivo y absorbe el tiempo y la energía destinados para otras tareas. Aunque sea relativamente de poca importancia con respecto a sus metas reales, problemas tales como planificar una reunión, una carta difícil de escribir, o un compromiso largamente postergado, y todavía incumplido, deben ser confrontados para liberar su mente. **El acto más constructivo, por supuesto, es resolverlo y olvidarlo si fuera posible.** Pero si usted no puede dedicarse al problema en el momento, determine una fecha definida en el futuro. El saber que usted ya ha decidido tratarlo en otro momento, evitará que ese problema bloquee su atención.

4. *Todos los días, periódicamente, identifique conscientemente el momento que está viviendo.* Solo por una fracción de segundo, tal vez cinco o seis veces por día, deténgase y mire a su alrededor. Sea consciente de que "aquí es donde estoy y esto es lo que estoy haciendo". Este simple ejercicio lo ayudará a conservarse centrado, en equilibrio y enfocado con su propio y único "ahora".

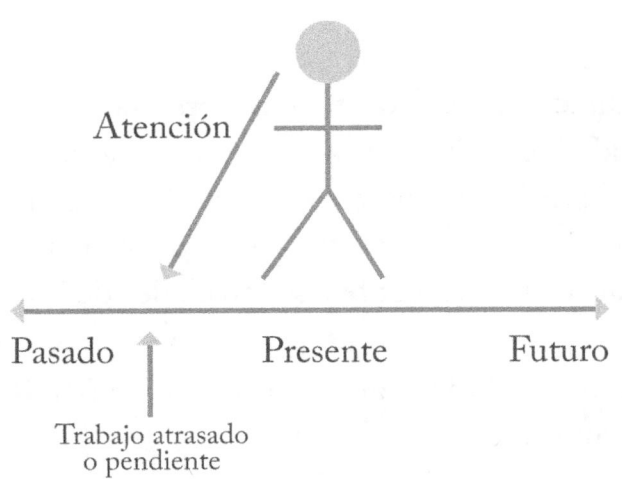

La gente que se detiene periódicamente para reconsiderar el momento que vive, encuentra que se mejora su concentración sobre la tarea presente y también aumenta su eficacia para tratar con ella.

IV. ¿Cómo mantener bajo control a los cuatro mayores consumidores de tiempo (I)?

Uno de los aspectos más importantes en todos los ámbitos de la vida es el poder trabajar en equipo. Gracias a ello el éxito es posible. Pero en muchas ocasiones resulta que la gente, echa por tierra los planes que se habían trazado para distribuir el tiempo. El MBR establece que, **"las interrupciones personales, las reuniones, el teléfono y la obtención de información son, en ese orden, los mayores problemas que los ejecutivos han encontrado en la administración de su tiempo"**.

Veamos brevemente cada una de éstas áreas y la forma de combatirla.

A. El control de las interrupciones personales.

A diario ocurren interrupciones sin premura, a cada instante del día, que vienen a reducir el rendimiento de cada trabajador. Para minimizar los efectos negativos de las interrupciones personales, el MBR nos propone dos alternativas: "el aislamiento" y el "estar disponible". Analicemos brevemente cada una de ellas:

1. *<u>Aislamiento</u>*. ¿Acaso no le ha ocurrido a usted alguna vez que necesita estar solo?, ¿Le es imposible avanzar con algún reporte mientras se encuentra en su oficina? En muchas ocasiones sentimos que no avanzamos en algún trabajo que nos urge terminar, y es aquí cuando la situación amerita un aislamiento. Pero claro que no es aislarse del mundo por completo, sino simplemente el

no estar disponible a ciertas horas del día, a fin de evitar las interrupciones superfluas. En una ocasión me sucedió que debía presentar un informe al Presidente de la Compañía, y para concentrarme y evitar distracciones pedí prestada la oficina de un colega. De esta forma pude concentrarme y entregar a tiempo el informe solicitado. Durante este lapso de tiempo, mi asistente quedó encargado de atender algún cliente que llegara a buscarme, atendiéndole y resolviendo sus quejas y/o consultas. Otros sitios recomendables, en donde usted puede obtener un poco de aislamiento es la biblioteca de la empresa, una oficina desierta, la sala de seminarios y conferencias, etc., y solamente su Asistente sabrá dónde se encuentra, para llamarle en casos de verdadera urgencia. Otra recomendación es no atender a nadie que no tenga una cita previa, de esta manera usted podrá organizar el día por completo.

2. *Disponibilidad provechosa.* Imagino que usted, en alguna ocasión, se ha encontrado con ejecutivos que tienen permanentemente abierta la puerta de su oficina, este es un buen ejemplo de "disponibilidad provechosa". El permanecer informalmente disponible para las personas, ayuda a los ejecutivos a estar en contacto con lo que sucede en la empresa. Pero para tener una disponibilidad provechosa exitosa, el MBR establece las siguientes normas:

- Delegue eficazmente, reúnase en la oficina o lugar de trabajo de los demás, realice visitas periódicas en toda la empresa, protéjase de los visitantes molestos y sea franco sobre sus preferencias. Todo esto le ayudará a minimizar las interrupciones en su lugar de trabajo.

- Obtenga el máximo beneficio de las reuniones. Cuando nos referimos a reuniones, muchos empleados comienzan a hacernos caras largas, gestos negativos, y otras señales que indican negatividad. Pero debido a que el hombre es un ser social, necesita relacionarse con otras personas, y las reuniones son de utilidad para este propósito. El éxito de las actividades diarias en una empresa, depende en gran medida de una reunión exitosa, donde todos los empleados participen activamente, aportando sus ideas, discutiendo problemas y encontrándoles una solución, etc. Con respecto al desarrollo de una reunión, el Sr. Schubert de Alba-Waldensian del (MBR) recomienda mucho las reuniones sin ceremonia. ***"Yo prefiero hacer tres reuniones de 15 minutos.*** *De ese modo hay más concentración".* Y continúa diciendo que prefiere un salón de conferencias en vez de su oficina como lugar de reuniones. *"Eso evita las interrupciones e induce*

a una actitud de mayor concentración". Las complejas interacciones humanas que se producen en las reuniones son muy variadas.

B. Respecto al teléfono.

En muchas ocasiones al teléfono no se le da el uso adecuado, y más bien se "abusa del teléfono". Es cierto que el receptor de llamadas acorta distancias, pero también se convierte en uno de los mayores consumidores de nuestro "tiempo". A continuación se presentan algunas sugerencias retomadas del MBR sobre lo que se puede y no se puede hacer con respecto al uso del teléfono.

1. Cosas que deben hacerse:

- Puede utilizar el teléfono para ahorrar camino.
- Cuando necesite una información inmediatamente.
- Cuando desee difundir información en forma rápida.
- Si necesita convocar a reuniones de último momento.
- Para recibir información sobre el avance de actividades o proyectos importantes.
- Para mantener un estrecho contacto con algunas personas.
- Use el teléfono si esto le brinda una sensación de tranquilidad.

2. Cosas que no deben hacerse:

- Tratar de sustituir un documento formal con una llamada telefónica.
- Cuando deba comunicar una misma información a varias personas, mejor redacte un memorándum y envíelo "con copia".
- Cuando deba tratar asuntos delicados, es mejor hacerlo "face to face", es decir "cara a cara", ya que por teléfono, no nos damos cuenta de muchas situaciones, por ejemplo, del lenguaje corporal de nuestro interlocutor.
- Cuando los mensajes no sean urgentes y tampoco se requiera de una contestación.
- Si debe discutir asuntos complejos y largos, tampoco es recomendable utilizar el teléfono en este caso, salvo que programar una reunión sea imposible.

Otro aspecto importante referente al teléfono, recalca el autor K. Gleeson, es lo relacionado con la atención de las llamadas telefónicas. Gleeson recalca que cada persona *"tome la decisión de no aceptar llamadas telefónicas sin ton ni son, durante el día de trabajo. En lugar de esto, establezca un sistema para retornar las llamadas (dependiendo de su tipo de trabajo) quizá durante uno o dos periodos del día"*.

Por ejemplo, usted puede decidir recibir llamadas en el lapso de las 11:00 a las 12:00 horas y de las 15:00 a las 16:00 horas, en este caso, debe brindarle instrucciones precisas a su Asistente para que filtre las llamadas y no se las pase a cualquier otra hora del día, a menos que existan llamadas de clientes importantes, de sus jefes superiores o llamadas urgentes, que necesiten ser atendidas en el instante en que ocurren.

V. ¿Cómo mantener bajo control a los cuatro mayores consumidores de tiempo (II)?

A. Sugerencias sobre el uso del correo electrónico

¿Es usted de las personas que a diario reciben decenas y decenas de correos electrónicos? Si su respuesta es "sí", K. Gleeson le hace las siguientes sugerencias para establecer buenos hábitos al momento de revisar y enviar e-mails:

1. Trate un solo asunto en cada mensaje.

2. Defina claramente el tópico en el encabezado del mensaje.

3. Haga su mensaje breve pero incluya toda la información necesaria para que el destinatario pueda actuar o contestar.

4. No envíe el mensaje más que a las personas directamente involucradas. No envíe copias de más.

B. Con respecto a la revisión del correo electrónico, se tienen las siguientes recomendaciones para usted:

1. Revise el "buzón de entrada" de tres a cuatro veces al día, preferentemente por la mañana y al final de la jornada.

2. Cuando lea sus e-mails, atiéndalos de una sola vez, no deje asuntos pendientes.

3. Use un anti spam para evitar el "bombardeo" de correos electrónicos no solicitados.

4. Cuando responda correos electrónicos, guárdelos en una carpeta adecuada, para no congestionar la bandeja de entrada.

A pesar de que estas sugerencias parecen muy sencillas, el ponerlas en práctica es de gran utilidad para manejar nuestro correo electrónico y darle un uso más adecuado. Trate de aplicarlas desde el primer día, y verá que en menos de una semana ya estará obteniendo los frutos de su esfuerzo, al notar que durante el día tiene más tiempo para otras actividades.

C. Con respecto a las redes sociales:

1. Revise solo 2 veces al día las redes sociales.

2. Utilice un tiempo determinado para hacerlo, de 10 a 15 minutos como máximo.

3. No se deje dominar por ellas.

D. Obtención de información.

A diario necesitamos estar informados de los acontecimientos que ocurren en la empresa o en cualquier ámbito de la vida, y la información es importante para maximizar nuestra efectividad. A continuación algunas formas recomendadas por el MBR, con las cuales usted puede ampliar su red de información:

1. *"Conozca los secretos de su secretaria.* Esto puede ayudarlo a conocer cómo y dónde se conservan sus archivos, dónde y mediante qué códigos se registran los clientes y las direcciones de otras personas importantes, qué se hace con las planillas impresas de la computadora después de que usted las ha visto. Usted nunca sabe cuándo puede necesitar encontrar algo rápidamente cuando su secretaria no está presente.

2. *Permita que su secretaria sepa qué asuntos tiene usted en mente.* Esto es generalmente una buena práctica para formar un grupo eficiente. Puede ser

especialmente valioso si usted es receptivo a sus sugerencias con respecto a lo que usted hace; ella puede saber cosas acerca del trabajo y de la gente de la compañía que le pueden ser útiles. Sin embargo, es posible que a ella no se le ocurra comunicárselo a menos que usted se muestre dispuesto a escucharla.

3. *Mantenga a sus subordinados enterados de sus proyectos.* Ellos también pueden tener información de utilidad en un área determinada y estarían dispuestos a compartirla con usted si conocieran sus planes.

4. *Aprenda todo lo que sea posible acerca de las posibilidades de la computadora.* Podría ocurrir que el centro de procesamiento de datos de su compañía se orientase más hacia sus necesidades si ellos supieran cuáles son. Hable con el gerente de procesamiento de datos y averigüe cuánto más útil podría ser ese departamento en suministrarle el tipo, la frecuencia de datos y las cifras que usted podría utilizar.

5. *Sepa cuáles son los líderes informales debajo de su nivel.* Independientemente del organigrama, algunas personas son centros de información o líderes sin título. Ya sea porque son curiosos, o porque se granjean la confianza de otros, o simplemente porque su trabajo los pone en contacto con una amplia esfera de la organización, la verdad es que algunas personas saben mucho más que los demás y del trabajo de la compañía. El ejecutivo avizor (El que está viendo todo, previendo lo que no se ve), permanece en contacto con tales subordinados de una manera casual e informal, lo que le permite mantenerse bien informado.

VI. Reservando tiempo para estar solo.

En cualquier ámbito de nuestra vida, la relación estrecha con las personas es de suma importancia, al trabajar en equipo, en la atención de los clientes, en las visitas de los inversionistas, etc. Expertos estiman que alrededor del 80% del tiempo es empleado tratando directamente con otras personas. Inclusive fuera de nuestro lugar de trabajo, siempre permanecemos rodeados de amigos, compañeros, parientes, vecinos, etc. **Todo esto es importante para nuestra vida profesional y personal, pero siempre necesitamos momentos de soledad,** en donde podamos concentrarnos tranquilamente en nuestro quehacer diario, ya sea en nuestra casa o en la oficina. El MBR propone formas estructuradas y no estructuradas para reservar tal tiempo para usted mismo:

A. *Usted puede programar "horas de tranquilidad" en el trabajo.* Muchas personas reservan ya sea la primera o la última hora del día, según sus ciclos energéticos, para estar solas, con instrucciones de que no se les moleste. Si la única forma en que usted puede descansar es planeando el tiempo para ello, este método puede ser el mejor para usted.

B. *Usted debe sacar ventaja de las interrupciones naturales en el trabajo.* Si usted es flexible por naturaleza, puede ser factible para usted encontrar pequeños periodos de tiempo libre aquí y allá para aislarse y descansar. Por experiencia propia, puedo afirmar que en ocasiones periodos de 15 o 30 minutos son suficientes para aclarar ideas, organizar las actividades, planificar mentalmente, e inclusive, ¡hasta para descansar y tomar nuevos aires!

C. *Algunas personas aprovechan el aislamiento durante los viajes de su casa al trabajo y viceversa.* Principalmente cuando se viaja por tren o autobús, se tiene siempre el recurso de aislarse del resto de los pasajeros. Si usted se dedica a trabajar en el tiempo de los viajes, éste no será el momento adecuado para relajar su sistema nervioso, pero conviene tenerlo en cuenta si el trabajo pudiera hacerse mejor en otra oportunidad.

D. *Puede establecer un momento determinado para estar a solas en su casa.* Si usted es de las personas que se levantan temprano, podría destinar la hora anterior al desayuno para sí mismo; o, si las costumbres familiares lo permiten, podría aislarse durante media hora al volver de su trabajo.

E. *Puede aislarse en su casa realizando actividades solitarias.* En lugar de establecer un horario fijo para estar a solas, algunas personas se dedican a actividades relajantes propicias para descansar la mente, como la jardinería, la música, los trabajos en madera u otras artesanías.

F. *El momento debe ser de relajamiento.* Algunos individuos encuentran en la disciplina de la meditación y la oración un medio eficaz para calmar el torbellino mental de una vida muy activa. Otros relajan su mente ocupando sus manos de una manera o de otra. Y otros descansan mentalmente con ejercicios físicos. Y algunos permanecen sentados y dejan a sus pensamientos vagar libremente.

Lo importante es recordar que ya sea en el trabajo, viajando o en el hogar, el propósito de este tiempo es para su propio recreo o rejuvenecimiento, o como dice un amigo mío, "para recargar baterías". Usted podría descubrir que el tiempo que destina para usted mismo produce ideas constructivas o soluciones para algunos de sus problemas. Pero no se asigne en este momento objetivos específicos porque no encontrará el relajamiento que usted necesita para aumentar su eficiencia.

VII. El sistema de charolas.

Lo que hemos descrito anteriormente, K. Gleeson lo representa en forma gráfica de la siguiente manera:

Se usa para documentos, correo y notas que llegan y que nunca han sido vistos o procesados con anterioridad. Al tomar un documento de esta charola actúe de inmediato. Si tiene secretaria, el correo debe ser clasificado y separado en carpetas marcadas de acuerdo con su prioridad. Por ejemplo, si urge su firma, si son documentos urgentes, memorandum, lectura, etc.

Pendientes a corto plazo, 24-48 horas. Para los asuntos que ha tratado de atender pero no pudo terminar (por ejemplo, que hay que esperar información, o llamadas, o que fueron suspendidos por otro asunto más que urgente). No debe usarse para posponer trabajos, proyectos incompletos, asuntos difíciles.

Aquí se juntan todos los asuntos concluidos para ser sacados de su oficina. Sáquelos varias veces al día, o pida a su secretaria que lo haga.

Opcional, si tiene mucho material de lectura, evite que se acumule leyendo los artículos cortos de inmediato, revisando rápidamente las tablas de contenido y recortando los artículos, compartiendo la carga de lectura con otros colegas del departamento para que hagan resúmenes. Separe un tiempo especial para lecturas indispensables.

La figura anterior representa lo que ocurre cuando tenemos asuntos pendientes, labores que nos falta desarrollar, quitan nuestra atención y no nos permiten enfocarnos en el presente para vislumbrar hacia el futuro.

Kerry Gleeson propone el siguiente ejemplo: *"Suponga que está participando en una carrera que inicia en el presente y cuya meta es el futuro. Si en vez de arrancar del presente lo hace del pasado, tiene mucho camino inútil que recorrer, ¡antes de siquiera llegar al punto de partida!"*. De esta misma manera, **cuando tenemos asuntos sin resolver, siempre los tenemos en mente, y estos no permiten que avancemos en la carrera hacia nuestra meta:** *El futuro.*

Las charolas de entradas, salidas, pendientes y lectura, deben estar al alcance de la mano para trabajar eficientemente (tomado de K. Gleeson).

El Sistema de Charolas ha sido retomado de K. Gleeson, y puedo afirmar que es una manera muy fácil de ordenar un día de trabajo. Hasta hace poco he comenzado a utilizar éste método, y me ha dado resultados más que interesantes. Si usted necesita ordenar su oficina y principalmente su "escritorio", las charolas pueden ayudarle en esa tarea.

VIII. Forma de registro del tiempo.

A continuación se muestra un formato en el cual usted puede llevar su registro del tiempo, en un día en particular, incluyendo las horas para entrar en mayor detalle a las actividades efectuadas.

Hora	ACTIVIDAD	PERSONA	ASUNTO
8:00			
8:15			
8:30			
8:45			
9:00			
9:15			
9:30			
9:45			
10:00			
10:15			
10:30			
10:45			
11:00			
11:15			
11:30			
11:45			
12:00			
12:15			
12:30			

Hora	ACTIVIDAD	PERSONA	ASUNTO
12:45			
13:00			
13:15			
13:30			
13:45			
14:00			
14:15			
14:30			
14:45			
15:00			
15:15			
15:30			
15:45			
16:00			
16:15			
16:30			
16:45			
17:00			

Usted puede adaptar este formato a su conveniencia, aumentándole o disminuyéndole horas, de tal manera que se ajuste a sus propias necesidades. Lo importante es que ordene su día, y al final del mismo verifique la cantidad de trabajo realizado, analice el agrupamiento de las actividades, y de ser posible haga una distribución equitativa de las tareas más arduas, tanto en la mañana como en la tarde.

IX. Forma de planificación semanal.

Nombre: _____

Semana que comienza: _____

Lunes	Plan Semanal
Martes	(Consulte sus archivos de trabajo, su charola de pendientes, su agenda, etc.).
	1.-
Miércoles	2.-
	3.-
Jueves	4.-
	5.-
Viernes	6.-
	7.-
Sábado/Domingo	8.-
	Actividades no planificadas agregadas durante la semana:
	1.-
	2.-
	3.-
	4.-
	5.-

Figura adaptada de K. Gleeson. Ejemplo de un formato semanal de planificación.

La planificación semanal servirá como una guía de las principales actividades que usted debe realizar en el transcurso de la semana, desde que inicia hasta cuando finalice. Detalle las actividades diarias que debe realizar, así como las actividades que deben ser ejecutadas en el transcurso de la semana, esto debe agregarlo en las actividades dentro del "Plan Semanal". También debe agregar las actividades que no estaban previstas para ser desarrolladas, pero que fueron agregadas a su carga normal de actividades, y por lo tanto, debe hacerlas también. Si se da cuenta, al momento de estar completando la "Planificación Semanal", usted notará que en muchas ocasiones ni siquiera somos conscientes de la cantidad de cosas que producimos en nuestra oficina, y posterior a esto, notamos que el trabajo que realizamos es muchísimo y en ocasiones, hasta "casi imposible de realizarlo en el tiempo previsto".

X. Formato de un calendario mensual de actividades.

JULIO 2017

Domingo	Lunes	Martes	Miércoles	Jueves	Viernes	Sábado
	REVISIÓN DEL PROYECTO PARA SU APROBACIÓN			1	2 SEMINARIO EN EL HOTEL PACIFIC →	3
4	5	6 5:00 p.m. Reunión con el Comité Ejecutivo. Presentar reporte de Unidad.	7	8	9	10
11	12 JUNTA SEMANAL DE ACCIONISTAS	13	14 EVALUACIONES DEL DESEMPEÑO DEL PERSONAL	15	16 Visita a Cliente 5:30 p.m. Calle #7753	17
18	19	20	21 VACACIONES	22	23	24
25	26	27 ENTREGA DEL PRESUPUESTO DEL PRÓXIMO MES	28 11:00 a.m. Cita médica	29	30	

Usted puede también organizar mensualmente las actividades principales que desarrollará durante ese mes. La idea de esta programación es tener un panorama general de su trabajo durante el mes en curso o para el próximo mes. Usted puede construir esta programación mensual a partir de la planificación semanal de las actividades, rescatar las de mayor importancia durante la semana, y por consiguiente serán estas labores las que aparecerán en su programación mensual. La idea de esta programación es visualizar las macro actividades que debemos desarrollar durante todo el mes, para prepararnos todo lo necesario y estar listos para afrontar estas actividades durante el transcurso del mes.

XI. Dominando el arte de decir "No".

Imagino que en muchas ocasiones le ha ocurrido que debe realizar actividades con las cuales usted no está de acuerdo, o ¿Se hace usted cargo de tareas que no son de su agrado? Cuando ocurre esto, el MBR propone las siguientes guías para saber distinguir y controlar las distintas demandas sobre su tiempo:

A. Diga "sí" inmediatamente solo a las peticiones que prometen avanzar sus propios objetivos. Por ejemplo, cuando usted es invitado a dar una charla sobre una temática en particular, y que sea de su agrado, podría aceptar inmediatamente la invitación. Cuando decimos "sí" a tareas que nos gusta realizar o con las que nos sentimos identificados, ello nos induce a encontrar tiempo para llevar a cabo dicha tarea o actividad. Si no, recordemos aquella frase de "querer es poder".

B. Diga "no" a las peticiones que se oponen a sus objetivos. Esto puede ocurrir cuando a usted le soliciten hacer un viaje a un país extranjero en representación de su firma, pero resulta que usted se encuentra más interesado en dedicarle tiempo a su familia, hijos, esposa, etc., en este caso su respuesta inmediata será un "no". En este sentido el MBR recalca que, "aun en cosas de pequeña importancia, tal como el asistir a reuniones de rutina, cenas de negocios casi sociales, y hasta una salida nocturna en la ciudad para algo que a usted realmente no le importa, un rápido 'no, gracias', le ahorrará una enormidad de energía y tiempo malgastados".

C. Postergue la contestación a todas las otras peticiones. Resulta que en muchas ocasiones, debemos sopesar el decir un "sí" o un "no" a una solicitud que se nos haya hecho. El MBR propone que usted se haga las siguientes preguntas:

1. ¿Disfruté haciendo eso?

2. Si lo hago, ¿Qué beneficios recibiré, personal o profesionalmente?

3. ¿Qué importancia tiene esto para la gente que es importante para mí?

4. Si lo hago, ¿Qué otra cosa tendré que dejar de hacer?, ¿Qué importantes son para mí esas cosas que dejaría de hacer?

5. Si no lo hago, ¿Cuáles serán las consecuencias?, ¿Son estas serias amenazas para el logro de mis propias metas?

Estas interrogantes le ayudarán en el proceso de decidir el dar un "sí" o un "no" a la propuesta que se le haya planteado.

D. Cuando conteste "no", hágalo sin ofender. Si alguien le pide que realice algo, es porque ha pensado en usted para que le apoye, quizás este sea el motivo por el cual es tan difícil decir "no". Una sugerencia del MBR es que usted sugiera otra alternativa, por ejemplo, recomiende a otra persona para que pueda hacerlo en su lugar.

Cuando deba decir "no", diga "lo lamento, pero no puedo hacerlo", o "muchas gracias por considerarme, pero en esta ocasión no puedo". También resulta que la persona que nos hace el pedido se vuelve muy insistente, así que repita el "no" de forma calmada, sin enojarse, ya que lo que usted quiere es declinar la petición, no entrar en polémica y ofender a la otra persona.

Según Manzini, **los psicólogos han identificado un procedimiento en cuatro pasos para que decir "no" sea seguro, diplomático y efectivo:** *Dé una razón, sea diplomático, sugiera una recompensa y no posponga la decisión.*

También debe aprender a decir "no" a compañeros y amigos que no tienen nada que hacer y que por lo mismo, buscan ocupar su tiempo quitándole el suyo. Dan Kennedy (un mercadólogo muy famoso en Estados Unidos), se refiere a este tipo de gente como **"Vampiros de Tiempo"**. Tengan mucho cuidado con ellos.

XII. Un plan de diez puntos para la administración del tiempo.

A continuación se brindan diez puntos significativos sobre la manera en que debemos administrar mejor nuestro tiempo, en cualquier ámbito de nuestra vida diaria, profesional, laboral, social, etc., en donde sea que nos desempeñemos, siempre nos serán de utilidad. La mayoría de los puntos resumen lo tratado en este curso. Estos puntos han sido adaptados del Modern Bussines Report (MBR), Reportes Modernos de Negocios, y espero que ustedes aprovechen al máximo cada una de las sugerencias planteadas.

1. ***Organice una pequeña libreta para llevar consigo.*** Consiga y utilice una libreta de bolsillo tipo calendario de citas, le será de más utilidad de lo que usted imagina. En ella puede escribir sus metas, tareas e ideas sueltas ¿Acaso no le ha sucedido que cuando se transporta en un colectivo, en su vehículo o por cualquier otro medio, se le ocurren ideas novedosas, pero cuando llega a su oficina, ya las ha olvidado? El acto de formalizar sus metas y sus planes reforzará su compromiso para lograrlos. Escribirlos, es el primer paso. La manera en que usted estructure su libreta será muy particular, ya que lo que interesa es que usted se sienta cómodo utilizándola. Cuanto más definida y específicamente pueda constituir su libreta, más libertad tendrá para actuar de acuerdo con dichos propósitos. Hoy en día las notas en su celular pueden ayudarle mucho a hacer esto.

2. ***Planifique sus metas con una base mensual.*** Cuando queremos realizar una planificación mensual, siempre lo pensamos dos veces, ya que pensamos que un mes es un periodo muy ambiguo para trazar metas; sin embargo, si no lo hacemos de esta manera, en un periodo mucho menor será difícil observar los avances que se tienen en la consecución de los objetivos.

3. ***Escriba solamente las metas que usted tiene verdadero interés en alcanzar.*** Cuando usted persigue metas de las cuales no se siente parte, se arriesga a la desilusión. Por esto mismo, el MBR establece que *"cuando usted no logra alcanzar esas metas, la sensación al fracaso (o culpa por falta de cumplimiento) obstaculizará el logro de las metas que usted verdaderamente desea. Establezca metas que usted quiera alcanzar aunque usted mismo dude de su capacidad para materializarlas. Si usted quiere algo con verdadera determinación, el permitir que dicho deseo salga a la superficie lo ayudará a descubrir los medios para triunfar, o le señalará las direcciones apropiadas que usted*

pudo no haber previsto. Mensualmente, a medida que planifica sus metas, los cambios que usted haya efectuado en su vida el mes anterior le ayudarán a trazar su curso para los meses siguientes".

4. ***Evalúe los resultados mensualmente.*** Se hace preciso que usted evalúe los resultados que poco a poco va obteniendo en la consecución de sus objetivos. Si al inicio los resultados no son los esperados, no se desanime, a medida que avance observará que al final los progresos serán cada vez mayores, con lo que usted se sentirá motivado para continuar avanzando en sus metas. Cuando los resultados sean excelentes, felicítese; cuando los resultados sean deficientes, revise sus propósitos y actividades, y si es necesario, deberá volver a escribirlos.

5. ***Planifique diariamente pocas actividades específicas orientadas a la consecución de sus metas.*** Sabemos que su día se encuentra saturado de obligaciones, pero para avanzar en el cumplimento de sus objetivos trate de incluir dentro de sus actividades diarias, una o dos actividades que contribuyan al logro de sus metas a largo plazo. Por ejemplo, puede incluir contestar ese e-mail que tiene pendiente, realizar un nuevo contacto, visitar una empresa u oficina, etc. Pueden ser tareas pequeñas o muy ambiciosas, lo importante es que día a día trate de llevarlas a cabo. Con el tiempo observará que poco a poco usted puede "hacer más cosas en menos tiempo". Compruébelo.

6. ***Integre el concepto de evaluación en el empleo del tiempo en cada una de las nuevas actividades.*** Realice constantemente y siempre que pueda "abstracciones" en su quehacer diario. Haga una pausa, analice la situación cada vez que inicie un nuevo trabajo, pregúntese si es usted el indicado para llevarlo a cabo y que beneficios futuros obtendrá al invertir su tiempo en esa tarea. Cuando usted examine lo que hace, se dará cuenta que algunas de las actividades que realiza no tienen conexión con lo que desea lograr al invertir su tiempo. Cuando realice este ejercicio, se dará cuenta que en muchas ocasiones realizamos tareas que nos consumen gran cantidad de tiempo, y que su contribución al cumplimiento de sus objetivos es de poca relevancia. Con esto, usted notará que existen algunas tareas que merecen más tiempo del que realmente se les está destinando, y al realizar una redistribución de las tareas, se contará con más tiempo disponible.

7. ***Utilice el reloj lo menos posible.*** En ocasiones surgen situaciones en donde estar atado a un tiempo fijo no es conveniente. Resulta que cuando tratamos un asunto

importante, lo mejor es dejar que la situación se desarrolle hasta donde deba llegar. Por ejemplo, en una reunión en donde se toquen temas trascendentales para la empresa, sería imposible establecer una hora de finalización de la reunión, y mucho más forzar llegar a conclusiones solo porque el tiempo destinado para la misma ya expiró. El MBR lo plantea de la siguiente forma: *"Usted necesita libertad para continuar el pensamiento, la tarea, o el contacto personal del momento, dedicándole todo el tiempo que sea necesario para desarrollar el máximo potencial del mismo. Comience por hacer más elástico su programa de tiempo. Minimice los compromisos firmes de tiempo que usted establece para cada día. En cada asunto que se le presente, responda a las exigencias del mismo asignándole un tiempo determinado"*. De igual manera, cuando sienta que se encuentra inmerso en una actividad en la que ya no es productivo, cambie de tarea y vuelva sobre la primera más tarde.

8. ***Comience ahora mismo a identificar el valor de cada instante.*** Este es un consejo que al aplicarlo, usted irá encontrando la riqueza de cada momento, sus oportunidades y limitantes, a fin de aprovechar las posibilidades que nos brinda "vivir el hoy". Evite divagar en el pasado y tratar de adivinar todo para el futuro, si trabaja conscientemente el presente, notará que su tiempo comienza a ser más holgado.

9. ***Comience a emplear sus recursos al máximo.*** Si usted se encuentra enfocado en alcanzar sus objetivos, pondrá el máximo esfuerzo en alcanzarlos. De tal forma que combinando sus recursos con su tiempo presente, podrá obtener resultados que ni usted mismo sabía que podía lograr. Así que a partir de ahora, comience a utilizar al máximo cada minuto del que usted disponga, enlácelo con su mente, su creatividad y la consecución de sus metas estarán "a la vuelta de la esquina".

10. ***Acepte al presente como el único tiempo de que usted dispone.*** Dice la canción, "ya lo pasado, pasado". Las cosas pasadas déjalas en el pasado, y concéntrese en el presente, en el hoy. No se atormente por cosas que no hizo y pudo hacer, olvídese de lo que no fue, ya que eso no lo puede cambiar. Pero lo que si puede cambiar a partir de ahora es enfocarse única y exclusivamente en el presente, y a partir de aquí comenzar a moldear sus nuevos hábitos para su nueva vida. El MBR encierra lo antedicho en la siguiente frase: *"En definitiva, el presente es con todo lo que usted cuenta para trabajar, para materializar sus sueños, y para convertirse en la persona que usted quiere ser"*.

XIII. El arte de la delegación (I).

A. Cuando hacemos referencia a "ahorrar tiempo", el delegar tiene una faceta trascendental al respecto, ya que no todo lo podemos realizar nosotros, sino que debemos buscar personas de confianza en quienes delegar ciertas actividades, para que las ejecuten por nosotros. La consultora *Kathy Paauw* establece que, *"delegar es más que solamente transferir trabajo. Significa involucrar a otros en la responsabilidad de los resultados, darle a alguien más la libertad para tomar decisiones de cómo lograr alcanzar esos resultados. Significa soltar".*

Para un experto en estos temas, nos referimos al autor Harold Koontz, explica lo anterior de la siguiente manera: *"Los administradores deben percatarse de que existe una 'ley de ventaja administrativa comparativa', similar a la ley de ventaja económica comparativa que se aplica a las naciones. La ventaja económica comparativa postula que un país se enriquecerá más si exporta lo que produce más eficientemente e importa lo que produce menos eficientemente, aun si puede producir los bienes importados a menor costo que cualquier otra nación". "Los administradores pueden realizar mayores contribuciones a una empresa si se concentran en las tareas más benéficas para los objetivos de la compañía y asignan a sus subordinados sus demás actividades, a pesar de que podrían realizarlas mejor que éstos".*

Muchos de nosotros tenemos la "mala costumbre" o "manía" de llevar trabajo a nuestra casa, nos quejamos que el horario normal de trabajo no nos alcanza para realizar todas nuestras labores, pero una de las mejores maneras que se tiene para hacer que nuestra pesada carga disminuya, es delegar parte de ella a otros. Entre más deleguemos, nuestras habilidades como administradores o ejecutivos se incrementarán y seremos capaces de realizar muchas más cosas de las que imaginábamos.

B. Kathy Paauw nos propone los siguientes consejos para cuando nos concierna delegar con nuestros subordinados:

1. **Seleccione a la persona adecuada para el trabajo.** Siempre nos encontramos temerosos de delegar actividades, pero si no lo hacemos, siempre estaremos agobiados y tampoco les daremos la oportunidad a nuestros subordinados

de ganar experiencia y aprender de nuevos retos. A medida que vayamos conociendo cómo reacciona nuestro personal, ellos se ganarán la confianza para luego delegarles actividades que impliquen mayor responsabilidad.

2. **Brinde información suficiente.** Cuando delegue, no guarde información para usted, proporcione toda la información necesaria y suficiente para que la persona que desempeñará dicha actividad pueda realizarla de la mejor manera. Además, es importante que la persona a la cual se le delega la actividad conozca cual será el rol que dicha tarea tendrá en toda la empresa, que conozca cuál es la importancia de lo que realizará para toda la organización. Y también es necesario que se defina claramente lo que se espera del trabajo, para medir el éxito o el fracaso de la operación, en donde el empleado tendrá una idea clara de lo que se desea lograr y lo que se espera de él. Conozco ejecutivos que con tal de obtener el máximo de sus empleados, les asignan responsabilidades pero no les dan mayor información, ni documentación de proyectos anteriores, en este caso, los trabajadores se encuentran realizando actividades desde "cero" una y otra vez, cuando en realidad ya se tiene camino recorrido, y podrían lograrse mejores resultados si se partiera ya de una base establecida.

3. **Delegue el trabajo completo a una persona y dele toda la responsabilidad.** Si queremos que una delegación sea exitosa, debemos otorgarle el trabajo completo a un solo individuo, y debemos envestirlo de total responsabilidad y autoridad para que cumpla con su cometido. Además, es necesario hacerle saber a todo el personal de la empresa que dicha persona posee toda la responsabilidad y autoridad en la ejecución del proyecto "A", de tal o cual actividad, etc. Sin embargo, la responsabilidad última siempre recaerá en usted, recuerde siempre esto. Una de las mejores maneras para hacer que la organización se entere de la designación de alguien, es a través de las juntas, reuniones de consejo o cualquier otro tipo de reunión de trabajo que se lleve a cabo durante la semana en una empresa.

4. **Enfóquese en los resultados, no en el proceso.** En muchas ocasiones nos sucede que delegamos responsabilidades, y a pesar de ello, constantemente estamos supervisando el desarrollo de las tareas, y queremos que se ejecuten como nosotros lo teníamos planificado. Pero resulta que lo mejor es delegar y dejar al empleado la iniciativa de resolverlo como él lo crea conveniente. Por lo tanto, este consejo le dice a usted que se oriente en los resultados, no en la

metodología para llegar a estos. Salvo casos excepcionales, esta sugerencia se aplica a la mayoría de las situaciones laborales y hasta personales.

XIV. El arte de la delegación (II).

- A. **Establezca tiempos límite basados en la responsabilidad.** Es necesario que siempre establezcamos la fecha para cuándo necesitamos el trabajo realizado. Conozco algunos ejecutivos que asignan las tareas y les dicen a sus subordinados "hazlo lo más pronto posible". Pero, en realidad, ¿Qué significa eso para una persona?, ¿Una hora?, ¿Una mañana?, ¿Un día?, ¿Una semana? No podemos dejar nada al azar, todo debe quedar previamente establecido, dependiendo del grado de dificultad de cada tarea, debe ser asignado el tiempo que se necesitará para su ejecución. Siguiendo esto, se evitarán malos entendidos, y la responsabilidad de los empleados aumentará.

- B. **Realice revisiones periódicas.** Si usted no revisa constantemente el progreso del proyecto, entonces no podrá corregir posibles desviaciones que ocurran en la marcha del proyecto. **Un método que funciona es colocar fechas en las cuáles le deban informar sobre los avances obtenidos en cada proyecto;** esta fecha puede ser por ejemplo, los lunes a las 9:00 a.m. deben presentarse los informes de avance; o cada quince días, o cada mes, etc., dependiendo de la naturaleza y complejidad del proyecto o actividad a realizar.

- C. **Proporcione retroalimentación positiva y constructiva.** Cuando algunas cosas marchen mal, no se desanime ni desanime a los demás con malos tratos, malos gestos, reprimendas, etc. **Trate de enfocarse en los aspectos positivos y a través de una efectiva comunicación, enfóquese en resolver las situaciones problemáticas que hayan surgido.** Cuando un subordinado siente que tiene nuestro total apoyo, él colocará su mayor esfuerzo para que el trabajo salga bien.

- D. **Provea los recursos necesarios.** Para realizar una tarea o proyecto, dependiendo de su complejidad, puede involucrar a más departamentos dentro de la empresa, de tal forma que siempre es necesario brindar información adicional sobre las personas de la organización que pueden colaborar en el desarrollo del proyecto. "En contabilidad puedes conseguir ese formulario", "En recursos humanos te pueden brindar ese dato", etc.

E. **Ofrezca guía y consejos sin interferir.** En muchas empresas se tienen siempre obstáculos o limitaciones, que son conocidas por todos. Entonces es necesario hacerle saber a la persona responsable sobre estas limitaciones u obstáculos, para que pueda tomar las medidas pertinentes y pueda anticiparse a los hechos.

F. **Establezca los parámetros, las condiciones y los términos antes de delegar.** Usted debe establecer las "reglas claras del juego" antes de que este inicie, para que posteriormente no ocurran inconvenientes ni malentendidos. Una vez definido esto, "manos a la obra".

G. **No les permita que le deleguen de regreso el trabajo.** Es muy recurrente que nuestros subordinados tiendan a traernos sus problemas para que se los resolvamos, pero siendo ellos los que se encuentran en el área de trabajo y los que mejor conocen las actividades del mismo, deben ser ellos los que encuentren la mejor solución al problema surgido. Cuando le pregunten sobre una dificultad, usted puede responderles ¿Y tú qué piensas?, ¿Cómo lo resolverías?, cuando tienen un proyecto en marcha, y los plazos comienzan a estrecharse, y a usted le piden que se amplíe el plazo, *Kathy Paauw* propone que le responda con estas interrogantes: ¿Es posible?, ¿Nos ayudará eso a alcanzar nuestra meta?, ¿Qué recomendaciones tienes para manejar la situación?, ¿Cuáles son las alternativas?, ¿Cuál acción debemos tomar?, con esto haremos que la persona tome la responsabilidad (¡y no nos la regrese!) y encuentre la mejor solución a la dificultad.

H. **Provea respaldo y apoyo cuando sea necesario.** En ocasiones, es necesario "darles una mano" en algún proyecto que lo necesite, para que alguna actividad marche como debiera caminar. *Kathy Paauw* expresa que "hay una diferencia entre apoyar y rescatar". Paauw coloca el siguiente ejemplo: "Si algo no va bien, apóyalo discretamente como hacer una llamada telefónica a alguien involucrado que no está cooperando. Déjales saber que no tienen que luchar sus batallas solos".

I. **Otorgue todo el crédito y reconocimiento a la persona que complete el trabajo.** Cuando un trabajo ha sido finalizado, es importante que se le brinde todo el crédito a la persona que cumplió con el cometido. Si no se llegó a feliz término, asuma usted toda la responsabilidad del "fracaso". Cuando nos damos cuenta que la persona a la cual delegamos la actividad no cuenta con las habilidades suficientes para culminar la tarea, entonces debemos asumir nosotros la responsabilidad y completarlo. Cada vez que esto ocurra, evaluemos lo que sucedió, como se desarrolló todo, y por qué motivos la persona a la cual delegamos no fue capaz de culminar el proyecto. **Trate siempre de aprender de estas experiencias, para que la próxima vez usted pueda delegar en forma más eficaz. Aprenda siempre de sus errores.**

XV. El arte de la delegación (III).

El autor Harold Koontz en su libro "Administración: Una Perspectiva Global", nos brinda los siguientes pasos para delegar autoridad en forma eficaz:

A. La determinación de los resultados esperados de un puesto.

Debe establecer claramente qué espera de su subordinado al delegarle una actividad o un puesto específico. Cuando una persona sabe lo que se espera de ella, siempre dará su máximo esfuerzo en conseguir dicho resultado.

B. La asignación de tareas para ese puesto.

Para que el subordinado tenga éxito, es necesario que usted le asigne las tareas necesarias para que pueda realizar todas las actividades que el proyecto le exija. Esto es muy importante, ya que la asignación de tareas debe estar acorde al puesto de trabajo y al proyecto encomendado.

C. La delegación de autoridad para el cumplimiento de tales tareas.

Es imposible que una persona realice algún proyecto o actividad si no cuenta con la suficiente autoridad para desempeñarla. Además, cuando delegue autoridad, hágalo saber por diversos medios, para que en la empresa sepan quien tiene la autoridad sobre determinado proyecto.

D. La responsabilidad de la persona que ocupa el puesto respecto del cumplimiento de las tareas.

La autoridad que usted delegue debe ir aparejada con la debida responsabilidad (A=R), de tal forma que la persona sienta sobre sus hombros que carga con la responsabilidad del cumplimiento de las tareas encomendadas, y que cualquier desviación en la consecución de las mismas, deberá explicarse a sus superiores.

E. Actitudes personales frente a la delegación de la autoridad.

Harold Koontz propone las siguientes actitudes personales que debemos tomar en cuenta al momento de realizar la delegación de la autoridad:

1. Receptividad.

Consiste en permitir que otras personas pongan en práctica sus ideas, ser capaz tanto de aceptar con agrado las ideas de los demás, como también de colaborar con ellos, de felicitarles por su iniciativa e inventiva.

2. Disposición a ceder.

Se refiere a ceder a sus subordinados la libertad para tomar decisiones. Muchos de nosotros tenemos la mala costumbre de continuar tomando decisiones luego de haber delegado, lo cual resta tiempo y atención a la toma de decisiones mucho más trascendentales.

3. Disposición a permitir que los demás cometan errores.

Koontz lo explica de la siguiente forma: "Ningún administrador responsable permitiría que un subordinado cometiera un error capaz de dañar a la compañía o la posición en esta del subordinado, la persistente supervisión de los subordinados para garantizar que nunca cometan errores vuelve imposible la verdadera delegación de autoridad, se debe permitir a los subordinados que los cometan y su costo debe considerarse como una inversión en su desarrollo personal". Para minimizar el riesgo de cometer errores, existen algunas sugerencias importantes: Brindar asesoría temprana, explicación detallada de las políticas y los objetivos, hacer el planteamiento de preguntas orientadoras, entre otras.

4. Disposición a confiar en los subordinados.

Cuando usted delega autoridad, debe tener la plena convicción que la persona a la cual se la está delegando realizará bien su trabajo, que pondrá todo su empeño en realizar bien la labor, y usted debe depositar su confianza en todos y cada uno de ellos.

5. Disposición a establecer y aplicar controles amplios.

Es necesario que se cuente con sistemas de control que nos retroalimenten sobre el desarrollo de las diversas actividades que se han delegado, esto para poder tomar acciones correctivas cuando sea necesario.

XVI. Sugerencias prácticas que facilitan una delegación exitosa: El autor *Koontz* realiza las siguientes sugerencias para que toda delegación que usted realice tenga éxito.

"Defina asignaciones y delegue autoridad en vista de los resultados esperados, otorgue suficiente autoridad para permitir el cumplimiento de las metas asignadas. Seleccione a cada persona de acuerdo con el trabajo a realizar. Mantenga abiertas las líneas de comunicación. La descentralización no debe conducir al aislamiento, la delegación depende de la situación. Establezca los controles adecuados. Recompensar la delegación eficaz y la exitosa asunción de autoridad".

A. Ahorrando tiempo en el hogar.

Parece la pesadilla de toda ama de casa, restos de la comida de ayer en la cocina, ropa tirada en el piso, el lavabo amarillento y grasoso, el patio de la casa casi cubierto por hojas caídas de los árboles, manchas de bebida por todo el piso, los espejos sucios, una pila de ropa sucia pendiente de lavar, juguetes esparcidos por toda la casa, etc. Esto sin contar si usted tiene mascotas en su hogar.

Al observar esto, cualquiera de nosotros podría desanimarse al instante, pero no se preocupe, a continuación le brindamos algunos consejos para que pueda ordenar todo con el menor esfuerzo y la mayor rapidez.

El **orden** es el principal elemento que nos ayudará en esta ardua tarea. ¿Cuántas veces hemos dicho que ordenaremos todo de una vez?, y cuando el momento llega nos da pereza y lo dejamos para después. El postergar esta actividad hace que cada vez sea mayor el trabajo que nos esperará cuando nos pongamos a ordenar todo en la casa. En los supermercados podemos encontrar infinidad de depósitos para almacenar nuestras pertenencias. Por ejemplo, con nuestros hijos podemos tener un sistema de depósitos o cestos de colores para cada uno de ellos, a fin de que cada uno tenga sus cosas en forma separada, esto puede aplicarse a la ropa, los juguetes, y los artículos de uso exclusivo de cada uno de ellos. De esta manera iniciará usted por poner orden en el hogar.

Un sitio para cada cosa es un principio fundamental. Si sus hijos dejan en cualquier sitio de la casa tiradas sus mochilas o maletas del colegio nos debemos preguntar ¿Les hemos asignado un sitio específico para que guarden las maletas?; cuando NO está claro el sitio es difícil el orden.

Un sistema que puede funcionarle también es el de colocar la ropa sucia en un cesto o depósito por separado, de tal forma que al final del día usted sabrá cuál es la indumentaria que debe ser lavada. Así niños y grandes sabrán que cualquier prenda sucia deben colocarla en dicho depósito. Posteriormente, y antes de ser llevada a la lavadora, pueden clasificarse las *prendas blancas y de colores, y también pueden clasificarse dependiendo del tipo de tela, para evitar que se dañen o manchen en el proceso de limpieza.*

En lo personal, también recomiendo separar en distintos depósitos la ropa interior como calcetines, pañuelos, y la ropa íntima, para que cuando busque ese par de medias o calcetines, o cuando busque un pañuelo determinado, lo encuentre inmediatamente.

¿Qué hace con las cajas vacías? Estas constituyen un elemento muy importante cuando hablamos de orden, ya que nos pueden ser de utilidad para almacenar documentos importantes, libros, revistas, o facturas acumuladas que usted desee guardar por algún motivo. Cada caja puede ser rotulada dependiendo de su contenido, por ejemplo, "facturas y recibos", "revistas", "libros", etc. De esta forma usted logrará almacenar los documentos y tenerlos a la mano cuando los necesite en el futuro.

En nuestros días, algo que se ha convertido en un dolor de cabeza es el tener tanto CD o DVD en nuestra casa. Si no tenemos cuidado, al final nos encontraremos con una montaña de éstos artículos y no sabremos qué hacer con ellos. Existen organizadores para guardar nuestros CDs o DVDs, y podemos clasificarlos en "películas", "música", y "datos". Además, es importante recordar que debe rotular con plumón permanente cada CDs o DVDs, de tal manera que aunque no se encuentre en el estuche original, usted sea capaz de reconocer el contenido del mismo. Personalmente prefiero los estuches tipo "agenda", en donde usted puede ver los CDs o DVDs sin tener que retirarlos, con lo que evita que se dañen por el manejo de los mismos.

B. Ahorrando tiempo en la mañana (I).

Muchos de nosotros nos preguntamos porque en la mañana sentimos que el tiempo vuela, sentimos que no nos alcanza para realizar todo lo que deberíamos hacer, para poder irnos al trabajo, a la escuela, o a donde debamos ir. En una ocasión le solicité a un amigo que me prestara un libro que me interesaba leer. Él me dijo que no había ningún problema y que al siguiente día me lo llevaría. Cuando le consulté nuevamente sobre si me lo había llevado, él me dijo que lo había olvidado pero que para el próximo día no volvería a ocurrir. Al segundo día le pregunté de nuevo si había llevado el libro, pero me respondió que nuevamente había olvidado colocarlo en su maletín, para no hacerles larga la historia tuvo que pasar un mes para que mi amigo me prestara el libro.

A muchos de nosotros nos sucede esto, por lo que a continuación se presentan algunos consejos que espero le sean de utilidad al momento de iniciar su día para superar las dificultades de hacer todo rápido por la mañana (adaptados del autor *Rob S. Alhen*).

Si tiene todo ordenado y el orden sigue una lógica, muchas tareas las realizará más rápidamente. Otra idea es estudiar el recorrido que seguimos para realizar una tarea. En ocasiones es posible tener las cosas cerca y evitar muchos "paseos" de una habitación a otra.

Pasos.

¿Ha intentado bañarse por la noche justo antes de dormir? Parece increíble, pero esta es una idea casi "radical" a lo que muchos de nosotros nos acostumbramos con respecto a la ducha. El autor Alhen recalca que lo único que se hace mientras duerme es relajarse, y a la mañana siguiente el cabello se torna mucho mejor. Compruébelo y notará los resultados.

¿Qué combinación de ropa llevaré al trabajo?, ¿Qué blusa?, ¿Qué falda?, ¿Qué corbata me voy a poner?, ¿Cuál par de zapatos?, en fin, si durante la mañana nos ponemos a tratar de decidir sobre todos estos aspectos, perdemos valiosos minutos que luego nos hacen falta para llegar a nuestra oficina o lugar de destino, por lo que se recomienda que la ropa que se vaya a poner prepárela desde la noche anterior, ordene todo y déjelo en un lugar accesible para usted, para que en la mañana tenga todo listo y no pierda tiempo durante la mañana.

Si usted es de las personas que suelen desayunar en la mañana, la sugerencia que se le brinda es que decida lo que va a desayunar y déjelo preparado desde la noche anterior, café, té, leche, huevos, etc. Para evitar que se dañe puede dejarlo en el refrigerador y calentarlo en la mañana en el microondas. Algunos tenemos la costumbre de preparar bocadillos para comer en la oficina, a la hora del almuerzo o para llevar mientras viajamos, entonces lo que se le recomienda es que los prepare la noche anterior, así en la mañana ya los tendrá listos.

Si se dieron cuenta, para ahorrar tiempo en la mañana, y evitar que todo nos salga mal, el mejor consejo es prepararlo la noche anterior. No importa lo que usted deba llevar, alimentos, artículos, utensilios, etc., lo que sea, si lo deja para la mañana puede que se le olvide hacerlo, o lo haga mal, y usted se agobie más.

C. Ahorrando tiempo en la mañana (II).

Consejos. *El autor Rob S. Alhen dice que **"la planificación es la llave"**.* En realidad, si usted planifica todo lo que desea hacer, prevé las circunstancias y evalúa las condiciones bajo las cuales se desarrollarán todas sus actividades, es muy difícil que las cosas no sucedan como usted lo desea.

Alguien me dijo una vez que "el hombre es un animal de costumbres", así que a partir de hoy acostúmbrese a planificar diariamente, al principio tal vez sienta algunas dificultades, pero posteriormente todo lo realizará en forma mecánica, y aquí será cuando usted ya haya incorporado a sus hábitos el hecho de planificar en forma automática.

1. *"Haga lo que tenga que hacer y lo que pueda hacer antes de irse a la cama, así ahorrará tiempo en la mañana"*. Antes de acostarse, procure realizar el mayor número de cosas que necesitará para el siguiente día, con esto ahorrará un tiempo valioso que podrá utilizar para otras cosas. Comience a practicar desde ahora y pronto notará los resultados. Comenzará a llegar más temprano a su oficina, a la escuela o a donde usted se dirija.

2. *Mantenga el paraguas, abrigo o capa, guantes, sombrero, etc., cerca de la puerta de su casa*. Si lo hace así, tendrá fácil acceso a ellos en el instante en que los necesite, principalmente si es un día lluvioso, frío, caluroso, etc.

    Además de lo anterior, también es importante que nunca olvide su billetera, llaves, etc., por ese motivo siempre tenga esto a la mano en la mesita de noche de su dormitorio, o cerca de la puerta de su habitación.

    Si deja siempre las llaves en el mismo sitio será más fácil encontrarlas. Tenga un sitio para colocar las llaves. Por ejemplo si tenemos un sitio donde colgamos siempre las llaves y un lugar para la cartera siempre la encontraremos.

3. *Otro consejo importante*, es que usted escriba la rutina que ha creado, para que nunca olvide lo que necesita hacer y no pierda tiempo durante la mañana. Le sugiero que la rutina la tenga en su habitación, y la repase preferentemente por la noche, y cuando menos sienta, ya tendrá todo en su mente, y cada vez hará todo con mayor rapidez.

    Pero, atención, *Alhen* alerta que no debemos confiarnos en la mañana, y escribe al respecto: *"Al seguir estos pasos mágicamente tendrás tiempo en la mañana, no lo desperdicies y aprovéchalo para hacer las cosas con tranquilidad"*.

Una advertencia.

Recordemos que los alimentos deben ser preparados con mucho cuidado y tomando siempre las medidas pertinentes de higiene. Alhen afirma que una noche basta para que los alimentos se echen a perder, si no lo hacemos bien, lo más probable es que perdamos tiempo en la mañana reemplazando la comida dañada. Así que ponga mucha atención al respecto.

D. Ahorrando tiempo teniendo los documentos organizados.

¿Cuántas veces le ha dado vuelta a su oficina y no encuentra ese documento importante?, ¿No sabe en dónde lo colocó?, ¿Se le habrá extraviado?

Muchos de nosotros no tenemos cuidado en organizar efectivamente los documentos, y cuando los buscamos, nos damos cuenta que ¡han desaparecido! Y para encontrarlos, debemos de darle vuelta a toda la oficina o la casa, y si tenemos suerte, los encontramos. Luego viene la otra tarea, el de ordenar el desorden que hemos hecho al buscar el documento en mención. Imagínese la cantidad de tiempo perdido solamente en esta actividad, además de la enorme presión que se vive cuando esto pasa. Conozco a una persona sumamente ordenada en este aspecto. Mantiene sus archivos al día, guarda los documentos importantes, rotula las carpetas para saber la documentación que ahí se encuentra. Cuando él necesita un documento, se dirige directamente a la carpeta o archivero en donde lo tiene almacenado. No pierde tiempo en esta actividad. Una vez utilizado el documento, lo regresa a su ubicación original. Si usted no quiere exponer los documentos originales, puede archivar copias junto con los originales, y de esta manera cuando deban de utilizarse, solamente se usa la copia.

Cuando abra alguna carpeta, aproveche para darle un vistazo rápido, verifique si tiene documentación vencida, o papeles que ya no utilizará y que necesita deshacerse de ellos. Realizando esta tarea continuamente, nunca sentirá que se le acumula el trabajo, y siempre tendrá ordenados y al día todos sus expedientes.

1. ***Una sugerencia que un amigo me brindó en una ocasión, fue que tuviera copias de mis documentos personales***, tales como: Licencia de conducir, credencial de elector, pasaporte, número de identificación tributario o fiscal, seguridad social, etc. Usted estará listo para llevar a cabo cualquier trámite. Ni se imaginan de cuanta utilidad me ha sido este consejo, y espero que en un futuro cercano, también le beneficie a usted.

2. ***Imagino que usted compra electrodomésticos, enseres del hogar, artículos de oficina, muebles, software informático, televisores, etc., le recomiendo que guarde las garantías, manuales e instructivos de todo lo que usted compra, y los archive en una sola carpeta***, para que cuando necesite un documento de este tipo, sepa donde buscarlo. Realice una limpieza periódica de esta carpeta, actualice la documentación y elimine la que ya no necesita. Esto mismo puede hacerlo para llevar un control estricto de sus deudas, almacenando sus estados de cuenta, comprobantes de compras, etc.

3. ***Con respecto al equipo informático, merece un punto y aparte.*** Usted sabe que al adquirir una computadora, se compra más que el equipo, se incluyen aspectos tales como: Garantías, licencias de los programas, facturas, comprobantes, etc. Por tal motivo conviene tener en una carpeta por separado todo lo referente al equipo informático, de tal modo que cuando requiera algo lo pueda conseguir al instante.

   ¿Cuál es el tipo de cartucho que utiliza su impresora?, ¿Qué tipo de memoria RAM posee su equipo?, estas y otras preguntas usted las puede responder fácilmente si tiene a la mano los comprobantes de compra de la computadora.

   No siga desperdiciando su valioso tiempo, ¡aprovéchelo al máximo!, y disfrute de una vida con menos estrés que la de muchas otras personas.

E. Ahorrando tiempo como turista.

A muchos de nosotros nos gusta disfrutar haciendo turismo en cualquier parte del mundo, ya que es una actividad que se realiza principalmente en familia, en donde todos podemos disfrutar unidos de un par de días o semanas juntos. Como padres de familia, siempre deseamos que todo se desarrolle en forma casi perfecta, aprovechando al máximo el tiempo, y obteniendo esa nueva experiencia sin tener que lidiar con los contratiempos por los aspectos no previstos.

A continuación algunos consejos que le pueden ser de utilidad cuando usted y su familia realicen turismo:

1. Previo a su visita.

Es mejor planificar con antelación el itinerario completo que desarrollará en el sitio turístico, incluyendo hoteles, atracciones, establecimientos, centros de arte y cultura, zonas recreativas o deportivas, etc. Si fuera posible adquiera o imprima un mapa de la zona, para que usted se ubique en el sitio. Además consulte algunas actividades adicionales que se hayan programado en el sitio, por ejemplo, festivales, espectáculos, y otros entretenimientos que se celebrarán durante su estadía.

Cuando realice la reservación en el hotel u hostal, consulte sobre los descuentos adicionales a los que usted y su familia pudieran tener acceso. Si le acompaña un bebé, es necesario que solicite anticipadamente una cuna, y si necesita una cama adicional, un mueble especial, u otro servicio, debe avisarlo con antelación al hotel para que a su llegada esté seguro de recibir dicho servicio.

Si la reservación del alojamiento la puede realizar antes de su llegada, por ejemplo con una llamada telefónica, o a través del Internet, sería lo más conveniente, así usted no pierde tiempo buscando donde hospedarse, y mucho más si es temporada alta, en donde la mayoría de los hoteles se encuentran a su máxima capacidad. Luego, llame para reconfirmar su reservación antes de su arribo al lugar turístico. Además, solicite que le brinden la dirección exacta de su hotel, para que no vaya a ocurrir ningún problema de dirección o confusión de hoteles por su nombre. Así usted se asegurará de llegar al hotel sin ningún inconveniente.

Otra dificultad que surge es con relación al equipaje en el aeropuerto. Siempre que me ha correspondido viajar, ni se imagina usted la cantidad de maletas negras o azules que hay, y cuando el equipaje deambula por la banda sin fin, las confusiones surgen a la orden del día, personas que por equivocación toman otra maleta son situaciones comunes que se viven en el aeropuerto. Para evitar esto, una sugerencia muy práctica es colocarle a sus maletas una "señal" visible y que la diferencie del resto del equipaje. Por ejemplo, con una cinta adhesiva de colores vivos, usted puede marcar sus propias maletas en un lugar visible, así evitará que otro turista le tome su maleta, y también evitará ser usted el confundido que tome el equipaje de otro individuo. Este método es muy sencillo y práctico a la vez. Y créame, le evitará pasar penurias en el aeropuerto, ya sea con su equipaje o con el equipaje de otro turista.

2. Durante su visita.

Revise que todos los integrantes de su grupo lleven los documentos de identidad, licencias de conducir y/o pasaportes en un lugar evidente y accesible a la vez. Lo más probable es que deban identificarse más de una vez antes de abordar el avión. En la actualidad, debido a las facilidades que ofrece el hacer todo "en línea", se facilita en gran medida la adquisición de boletos, pero de todas maneras siempre tenga a la mano el número de su vuelo.

Algo que nunca debe olvidar es llevar consigo información sobre el vuelo, las reservación del hostal u hotel, los boletos, etc., todo en un sobre o en una carpeta y que sea fácil de transportar, para que lo pueda llevar en su equipaje de mano. No omita sacar fotocopias de esta información y guardarlas en el equipaje que le acompaña.

Cuando se presente en el aeropuerto, por lo menos deje un margen de dos a tres horas antes de la hora programada del vuelo, para que pueda realizar todos los trámites que en el aeropuerto deba realizar. No se imagina la cantidad de inconvenientes que surgen en el momento en que se espera en el aeropuerto, así que lo mejor es andar con un margen adecuado de tiempo. Infórmese de todo lo que le solicitarán en el aeropuerto, documentación, copias, formas, etc. Y si puede lleve consigo algunos formularios ya completados, así ahorrará tiempo durante su estadía en el aeropuerto. Algo que a nadie le gusta es pasar por el detector de metales de los puestos de control policial. Como sugerencia quítese los objetos que lleve consigo y que sean metálicos, tales como el cinturón, monedas, bolígrafo, etc. Con respecto al calzado, utilice zapatos cómodos y fáciles de quitar, por si le llegaran a pedir esto en el aeropuerto.

3. En el sitio turístico o lugar de diversión.

Preséntese temprano en el lugar, sea de los primeros en llegar, así evitará la aglomeración y su familia podrá realizar un recorrido sin problemas siendo los primeros en recorrer el sitio. Por la tarde tómese un descanso. ¡Recargue sus baterías!

Si hay espectáculos nocturnos, le sugiero que cene temprano, y luego regrese a disfrutar del evento, así usted y su familia disfrutarán de un día lleno de entretenimientos sin agobiarse.

Convengan en un lugar de reunión familiar por si llegaran a separarse. Como es natural, puede que a los jóvenes les interese algo en particular, y deban separarse de los adultos, por ejemplo. En este caso es necesario que la familia o el grupo convengan en un punto de reunión para cuando hayan realizado el tour o la visita al lugar. Este punto de reunión puede ser la entrada del lugar, la cafetería, etc. Y deben fijar una hora en la cual deberán reunirse nuevamente en el lugar establecido.

Para que usted se sienta cómodo durante la visita, lleve calzado cómodo, y si es posible un impermeable, ya que la lluvia no avisa, así como protector solar y gorra o sombrero. También lleve una mochila o maletín donde pueda guardar los recuerdos que adquiera para sus amistades.

Algo que siempre les recuerdo a mis amigos, y que más de alguno siempre olvida, es su cámara fotográfica. Si llegara a olvidar su cámara fotográfica, por lo menos utilice su celular para tomar fotos y asegurarse que su visita a ese lugar será recordada en los álbumes fotográficos.

Algo muy importante es portar dinero extra, ya sea para alimentos y bebidas para toda la familia, para los recuerdos, etc. Y esto es muy importante si nos acompañan niños, ya que de un momento a otro tienen antojos, quieren que se les compre algo, etc.

4. De compras.

Una actividad que nos fascina como seres humanos es ir de "shopping". Entonces, si usted tiene planeado ir de compras, le recomiendo que lea con antelación la lista de tiendas de cada centro comercial y prevea a cuáles le gustaría ir. Asista a los "Shopping Center" o Centros Comerciales durante la semana, ya que los fines de semana existen muchas personas que asisten a estos lugares, y la concurrencia se incrementa muchísimo. Si no tiene más remedio que ir en fin de semana, procure asistir temprano durante el día, que es cuando suele haber menos personas comprando, y las filas en las cajas son menores.

5. Cenando fuera.

Lo mejor es llamar con anticipación y reservar mesa en el restaurante, y es aquí cuando debe especificar sus requerimientos culinarios y de logística (si necesita una silla especial para el bebé, mesa para cinco o diez personas, etc.). Cuando se encuentre en el restaurante, y por si las dudas su orden tarda en ser servida, lleve consigo bocadillos, galletas o cualquier cosa que se puedan estar comiendo mientras sirven la cena. Esto evitará que los asistentes se pongan de mal humor si el servicio no fuera lo suficientemente rápido. Cuando vea el menú, pida de una sola vez las bebidas y los alimentos, así el servicio será más rápido y usted y su familia lograrán comer más pronto de lo que se imaginan.

6. Después de su visita.

Cuando su visita haya finalizado, cerciórese que todo lo que llevaban con ustedes regrese a casa, artículos, ropa, recuerdos, etc. En más de una ocasión, por las carreras de hacer todo a última hora, olvidamos cosas y cuando ya estamos en nuestros hogares nos damos cuenta que no trajimos aquel libro que compramos, o aquel recuerdo que era para mi jefe, o aquella botella de vino especial para mi pareja, etc. Así que dos días antes de regresar, haga una revisión completa y comience a hacer maletas, para que el día de retorno no lo tome desprevenido.

A manera de conclusión, puedo decirles que antes de organizar un viaje, debe contemplar todas las opciones e intente programar todo lo que sea posible para que no tenga que perder tiempo buscando información una vez que llegue a su destino. Realice también un paseo por las oficinas de turismo o por las oficinas del lugar donde este, por si hubiere algún evento importante que no haya tomado en cuenta y que después lamente el no haber podido asistir, estando en ese lugar tan maravilloso.

Las entradas y los tours deben reservarlos con antelación, lo mismo sucede con el hotel u hostal, reserve siempre por teléfono o por Internet un mes a lo sumo o 15 días como mínimo antes de realizar el viaje y también debe confirmar su arribo una semana antes. Si sigue todos estos consejos, no le sucederá ninguna ingrata sorpresa y en su viaje todo saldrá como usted lo haya planificado.

SERIE ABC de la Administración

SECCIÓN 5
CONOZCA EL PROCESO ADMINISTRATIVO

Y dijo el Señor: ¿Quién es el mayordomo fiel y prudente al cual su señor pondrá sobre su casa, para que a tiempo les dé su ración? Bienaventurado aquel siervo al cual, cuando su señor venga, le halle haciendo así. En verdad os digo que le pondrá sobre todos sus bienes.
Lucas 12:42-44

ESTUDIANDO EL PROCESO ADMINISTRATIVO

Aunque varios autores de administración de empresas están de acuerdo con las partes fundamentales del proceso administrativo, hay algunos que presentan seis partes del proceso, muchos presentan ocho o diez. Sin embargo, para iniciarnos en la disciplina administrativa, conviene que solo consideremos los cuatro pilares fundamentales que sostienen la dinámica administrativa.

1) Planificar: O sea predeterminar el curso de acción.

2) Organizar: Lo cual consiste en colocar hombres y mujeres dentro de una estructura determinada, para el logro de los objetivos o fines.

3) Dirigir: Hacer que las personas tomen una acción efectiva.

4) Supervisar: (Controlar) asegurarse que las diversas actitudes se mantengan apegadas al plan para el logro de los objetivos.

Un buen Administrador es aquel que combina y ejecuta cada una de estas cuatro fases simultánea y constantemente.

Para qué planificar.

Si usted no sabe lo que quiere hacer, ni hacia donde se dirige, es verdaderamente imposible el poder organizar a la gente a su alrededor e indicarles la dirección correcta. Imagínese usted mismo al frente de un grupo de personas con las cuales tiene que trabajar diciendo: "Yo no sé qué es lo que queremos lograr, ni tampoco hacia donde debemos de ir, pero trabajemos duro".

Para qué organizarse.

Si usted muestra un plan extenso y ambicioso a un grupo de personas y no se asegura que cada persona comprenda la parte que le corresponde realizar, producirá un efecto inconveniente, de otro modo, si comprende el plan a su manera provocara que se desvíen en otra dirección, produciendo el desorden.

Para qué dirigir.

El más excelente plan, aunado al mejor organigrama, puede resultar insuficiente para el logro de los objetivos, si no hay una sabia dirección. La dirección asegura la acción necesaria para un movimiento acertado.

Para qué controlar.

Si el Administrador no tiene la certeza de la finalización del plan y el logro de los objetivos, no sabrá cuándo ni cómo hacer las correcciones.

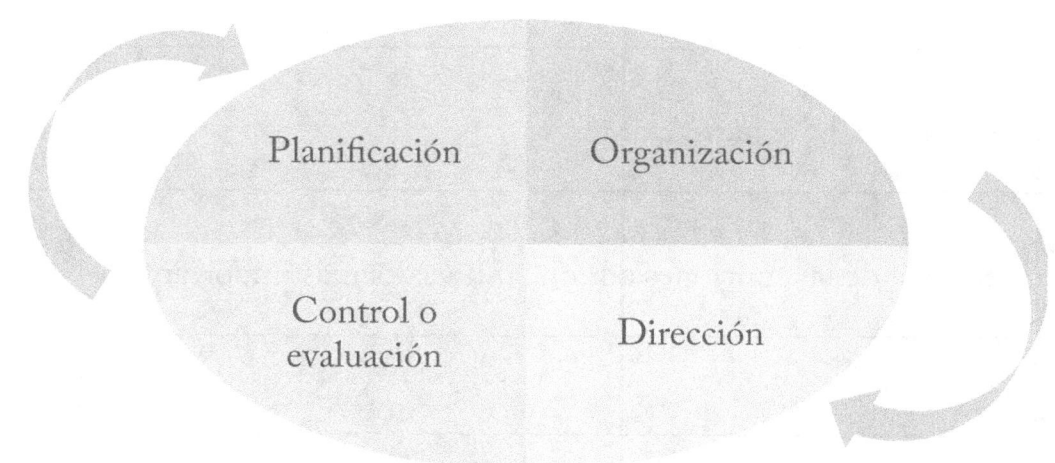

El proceso administrativo es dinámico.

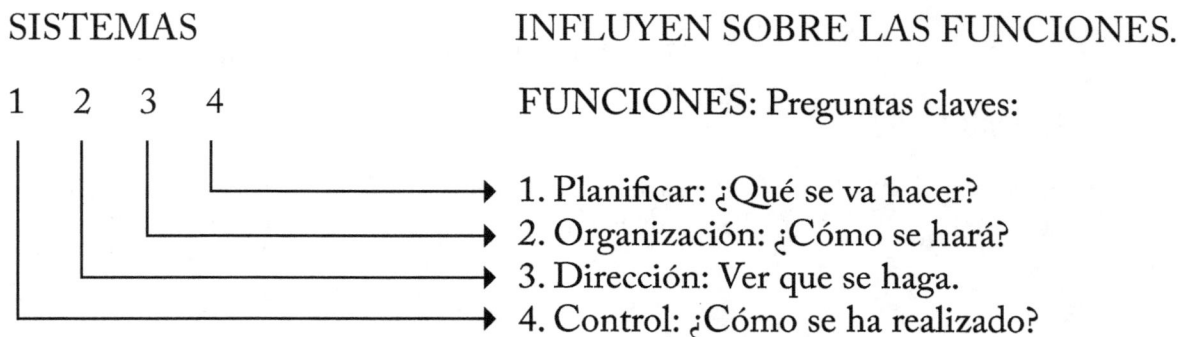

Siga las instrucciones:

1º Lea otra vez la sección tres a cerca de los estilos de liderazgo.

2º Conteste las siguientes preguntas:

¿Cómo planificaría el líder autoritario explotador?

_____

¿Cómo organizaría el líder autoritario benévolo?

_____

¿Cómo dirigiría el líder consultivo?
_____

¿Cómo controlaría el líder participante?
_____

¿Según usted, cuál de las funciones administrativas es más importante?
_____

¿Por qué? _____

Explique en pocas palabras las diferencias que existen entre el "sistema 1" y el "sistema 4" en cuanto a estos aspectos importantes de la administración:

Ejemplo	"SISTEMA 1"	"SISTEMA 4"
Proceso de fijar objetivos	Por órdenes remitidas de los jefes	Exceptuando las emergencias, por la participación del grupo entero.
La toma de decisiones		
Proceso de comunicación		
Motivación		
Proceso de evaluación		

SERIE ABC de la Administración

SECCIÓN 6
LA PLANIFICACIÓN

"El corazón del hombre piensa su camino; Mas Jehová endereza sus pasos."
Proverbios 16:9

I. Planificación

Podemos resumir la planificación de la siguiente manera:

1º Es pensar con anticipación sobre lo que uno quiere hacer.

2º Es la base de la Administración.

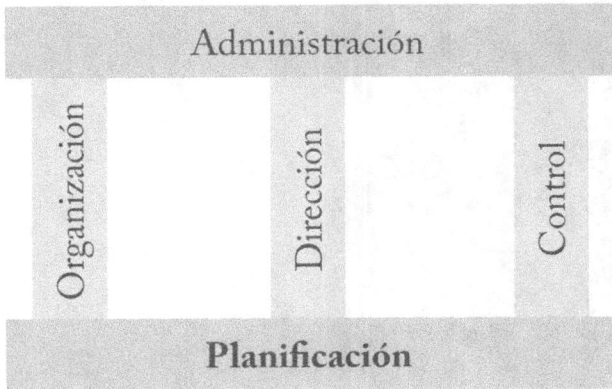

3º Capacitar al dirigente para ver las cosas como podrían ser, y no como son.

Ventajas de la planificación.

1º Se ahorra dinero porque se elabora un presupuesto.

2º Se aprovechan eficientemente las habilidades de los individuos.

3º Se aprovecha el tiempo.

Mencione otras dos ventajas:

4º _____

5º _____

A continuación marque con una "X" las actividades que usted considere que deben planificarse:

1. Una sesión de negocios. _____

2. Una excursión. _____

3. Construir un templo. _____

4. Evangelizar un pueblo. _____

5. Comer. _____

6. Dormir. _____

7. Dar una enseñanza a la iglesia. ____

8. Sembrar 8 hectáreas de maíz. ____

9. Comprar un puerquito. _____

10. Ir de compras a la plaza. _____

¿Es necesario determinar de antemano el curso a seguir en nuestras actividades?
_____

¿Por qué? _____
_____

II. Oración.

Se necesita pedir la dirección y el consejo del Señor para realizar nuestras actividades. Es necesario tener un cuaderno para anotar las palabras que Dios nos da, cuando estamos en comunión íntima con él, con el fin de no olvidar los planes del Señor.

¿Usted cree que es necesario orar antes de planificar sus actividades?
_____

¿Por qué? _____
_____

Ore encomendando sus planes y objetivos a Dios.

III. Objetivos administrativos.

Un objetivo administrativo es una meta que se fija, que requiere un campo de acción definido y que sugiere orientación para los esfuerzos de un dirigente.

Como deben ser los objetivos.

1º. Realistas y alcanzables, pero sin caer en el pesimismo. Planee más allá de lo que pueda hacer por sí mismo.

2º. Medibles, en donde usted pueda ver claramente su realización.

3º. Específicos, es decir deben ser claros y precisos.

4º. Prioritarios, estableciendo un orden de prioridades.

5º. Calendarizados, estableciendo fechas topes para su cumplimiento.

6º. Participativos, es decir formulados con la máxima participación del grupo.

En seguida elabore tres objetivos de lo que quiere hacer el próximo mes en su Iglesia:

1. _____
2. _____
3. _____

IV. Procedimientos.

Son los pasos necesarios para alcanzar los objetivos que nos hemos propuesto:

Estado futuro

Estado actual   (Problema o necesidad)

En el procedimiento es necesario establecer objetivos intermedios, para así poder llegar a la meta

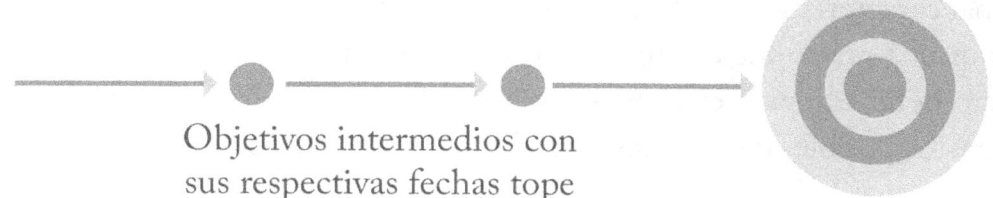

EJERCICIO: Supongamos que usted se propone evangelizar una comunidad de 1500 personas en un año (Esta es la meta), ¿Qué procedimiento propone para lograr su objetivo? Mencione por lo menos cinco pasos a seguir.

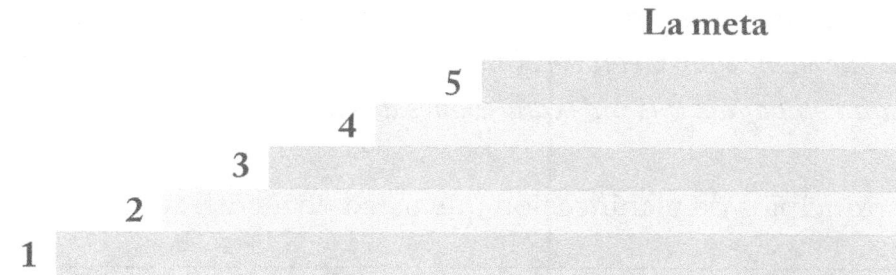

V. Calendario de actividades.

Es necesario anotar la fecha en que piensa alcanzar cada uno de los objetivos intermedios para poder llegar a la meta. Si no se calendariza, es muy probable que olvidemos nuestros buenos propósitos. Es importante determinar las fechas porque de esa manera no interferimos con otras actividades de la iglesia. A continuación establezca las fechas en que desea alcanzar los objetivos intermedios descritos anteriormente.

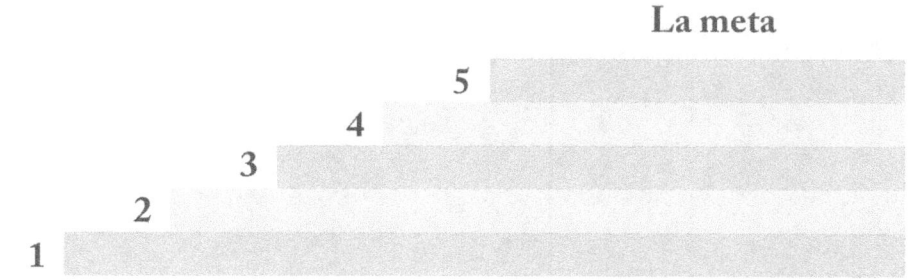

VI. Presupuestos.

La principal característica del presupuesto es que debe rebasar más de lo que se piensa gastar. Aquí nos referimos exclusivamente a las finanzas. En el ejercicio, elabore un presupuesto detallado para evangelizar un pueblo de 1500 personas. Debe considerar todos los gastos posibles como transporte, literatura, alimentos, alquiler de aparatos, etc.

Lea Lucas 14:28-32, *"Porque ¿quién de vosotros, queriendo edificar una torre, no se sienta primero y calcula los gastos, a ver si tiene lo que necesita para acabarla? No sea que después que haya puesto el cimiento, y no pueda acabarla, todos los que lo vean comiencen a hacer burla de él, diciendo: Este hombre comenzó a edificar, y no pudo acabar. ¿O qué rey, al marchar a la guerra contra otro rey, no se sienta primero y considera si puede hacer frente con diez mil al que viene contra él con veinte mil? Y si no puede, cuando el otro está todavía lejos, le envía una embajada y le pide condiciones de paz."*

Enumere los principios de planificación que usted encuentre:

_____
_____
_____
_____
_____

SECCIÓN 7
LA ORGANIZACIÓN

"Buscad, pues, hermanos, de entre vosotros a siete varones de buen testimonio, llenos del Espíritu Santo y de sabiduría, a quienes encarguemos de este trabajo." Hechos 6:3

I. La organización.

A. Es el proceso de colocar hombres y mujeres dentro de una estructura para el logro de los objetivos expresados en el plan.

Palabras claves de la definición.

- PROCESO: Es el movimiento, progreso o cambio.

- HOMBRES Y MUJERES: No se refiere a "cosas" materiales como herramientas, aparatos, etc., sino a personas. En 1ª Corintios 12:27 dice "Vosotros, pues, sois el cuerpo de Cristo, y miembros cada uno en particular."

- **ESTRUCTURA:** Es lo que le da forma a la organización.
- **OBJETIVOS:** Son las metas a alcanzar, las cuales son presentadas en la planificación.

B. Es un proceso dinámico que se adapta a los retos de la Institución y toma en cuenta los dones de las personas que la integran.

C. Es el proceso de relacionar trabajos y actividades con personas y recursos en una entidad u organización, con el fin de lograr eficientemente los objetivos propuestos. El proceso consiste en agrupar actividades, asignar responsabilidades y definir relaciones. *(Rubén Lores)*.

El peligro de la organización.

Es llegar a depender de la estructura de tal manera que nos olvidemos que estamos en un organismo.

¿Para qué organizar?

a. Para evitar confusión.

b. Para evitar frustración.

c. Para evitar doble esfuerzo.

d. Para poder evaluarse.

e. Para aprovechar al máximo las habilidades de la personas.

II. Los organigramas.

La organización requiere una estructura organizacional. Algunos no dan importancia a la estructura, pues piensan que es el polo opuesto de la espontaneidad que generalmente caracteriza a las organizaciones religiosas. Pero al leer el libro de los Números, uno se da cuenta que el pueblo de Israel no habría sobrevivido en el desierto, si no hubiera sido por la estructura que Dios les dio a través de Moisés. *(Rubén Lores)*.

Un organigrama es la representación de la organización. Para hacer un organigrama es necesario tomar en cuenta el grado de autoridad y la responsabilidad de cada puesto. Se establece aquí la autoridad superior y el subordinado de cada posición.

Evite los extremos:

1. En que el director (pastor) dirige todo, de tal manera que nada se puede hacer sin él.

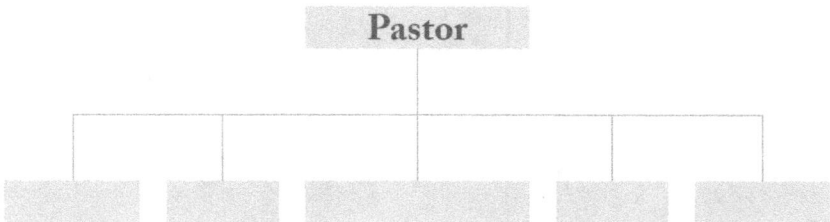

2. Que haya mucha burocracia y que se pierda el control.

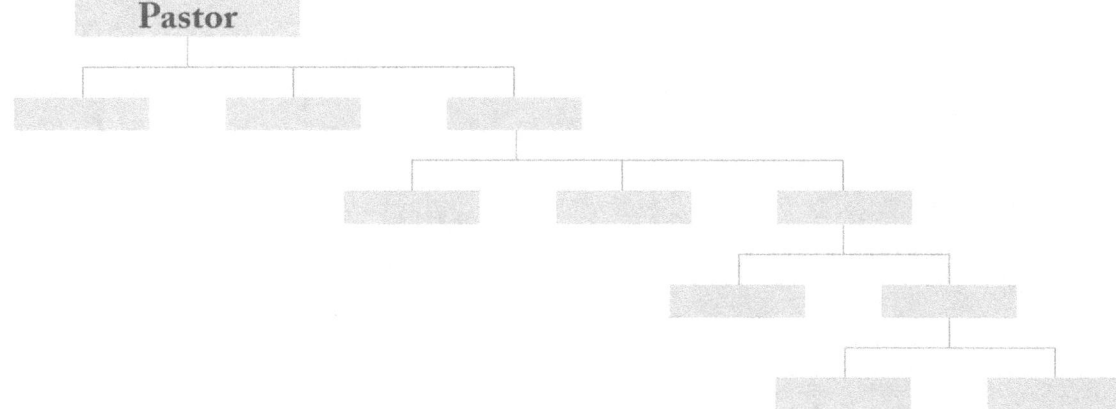

A continuación elabore el organigrama de la manera en que está estructurada su Iglesia.

III. Descripción de trabajo.

La descripción de trabajo es un documento que describe la responsabilidad, la autoridad y las relaciones de trabajo. Este documento define exactamente el trabajo a realizar. La falta de este documento crea mucha confusión.

CARGO: Presidente de jóvenes para la Iglesia local.

TRABAJO: Dirigir y coordinar al grupo de jóvenes.

RESPONSABILIDADES:

1º. Programar y coordinar todas las actividades juveniles.

   Autoridad: Actuar solo después de recibir la aprobación.

2º. Organizar un campamento anual.

   Autoridad: Actuar según la descripción e informar al co-pastor, con copia a las diferentes directivas.

3º. Presentar un presupuesto del grupo.

   Autoridad: Actuar e informar para la aprobación.

4º. Operaciones administrativas: Dirigir eficazmente a las diferentes comisiones y líderes juveniles.

   Autoridad: Actuar e informar al pastor.

5º. Relaciones: Necesita establecer buenas relaciones con los líderes locales, con las diferentes directivas y con el grupo de jóvenes.

   Autoridad: Actuar según su criterio personal.

6º. Capacitación: Debe escoger a jóvenes idóneos para proponerlos a los líderes locales, para que se envíen a seminarios de capacitación.

Autoridad: Actuar e informar a los líderes, por lo menos con tres meses de anticipación.

7º. Evaluar: Continuamente las actividades a la luz del programa, para ver si se están alcanzando los objetivos propuestos.

Autoridad: Actuar e informar al co-pastor con copia al pastor cada tres meses.

RELACIÓN DE TRABAJO

ORGANIGRAMA:

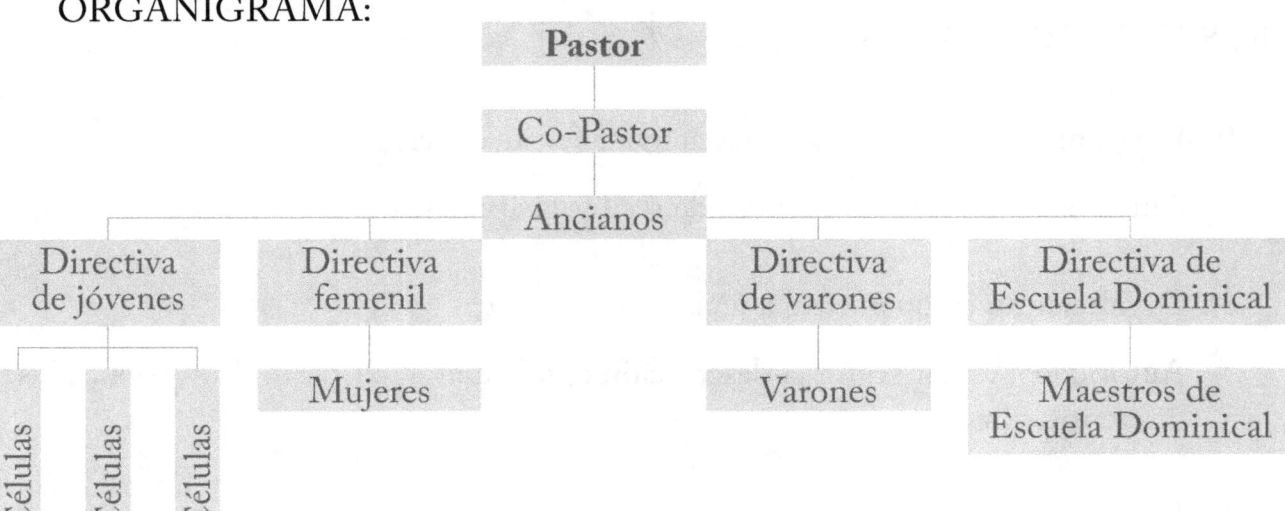

RESPONSABILIDAD.

Es la actividad asignada específicamente a una persona. Jamás se deben dar responsabilidades sin dar autoridad.

NIVELES DE AUTORIDAD.

1º. Actúa sin informar: La persona tiene autoridad para realizar las actividades según su criterio, sin pedir aprobación de sus superiores, ni informar de los resultados.

2º. Actúa para informar: Tiene libertad de acción, pero debe informar sobre los resultados.

3º. Actúa después de pedir autorización.

RELACIONES DE TRABAJO.

Es el grupo con quien usted debe trabajar. Estas relaciones se hacen en tres niveles:

1º. A quien rinde informes (está sobre usted).

2º. Con quien trabaja (al mismo nivel que usted).

3º. A quien manda (está bajo sus órdenes).

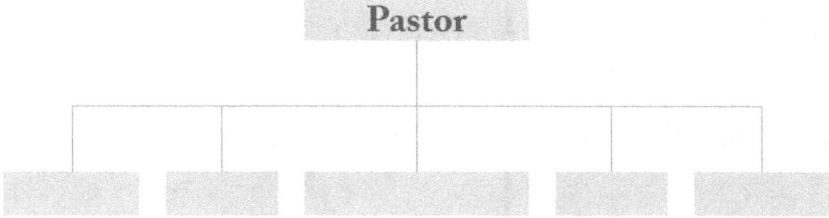

A continuación elabore una descripción de trabajo de un pastor según los siguientes puntos:

a. Responsabilidades.

b. Niveles de autoridad: Especificando el tipo de autoridad que debe ejercer.

c. Relaciones de trabajo: Con un pequeño organigrama.

Escríbalo en una hoja aparte.

IV. Cómo delegar.

Es el proceso sobre la marcha, por medio del cual el Administrador asigna responsabilidades y autoridad adicionales a sus subordinados *(Guillermo Luna)*.

Consiste en confiar a otra persona responsabilidades (el trabajo relacionado con un puesto) y autoridad (la suma de derechos y poderes asignados a un puesto o a un cargo). *(Rubén Lores).*

Cinco razones para delegar.

1. Dar oportunidad a otros para desarrollarse.
2. Enriquecer el plan con las ideas de otros.
3. Compartir el cargo con otros.
4. Despertar a los pasivos para que usen sus dones.
5. Aumentar el total del trabajo realizado.

Cuatro principios para delegar.

1. Preparación: Se tiene que ver a quien se delega.
2. Motivación: Creer que la persona es capaz de realizar el trabajo encomendado.
3. Comunicación: Seguir en comunicación con la persona.
4. Observación: Sobre la elaboración del trabajo.

A continuación lea:

Mateo 10:1-5; *"Entonces llamando a sus doce discípulos, les dio autoridad sobre los espíritus inmundos, para que los echasen fuera, y para sanar toda enfermedad y toda dolencia. Los nombres de los doce apóstoles son estos: primero Simón, llamado Pedro, y Andrés su hermano; Jacobo hijo de Zebedeo, y Juan su hermano; Felipe, Bartolomé, Tomás, Mateo el publicano, Jacobo hijo de Alfeo, Lebeo, por sobrenombre Tadeo, Simón el cananista, y Judas Iscariote, el que también le entregó. A estos doce envió Jesús, y les dio instrucciones, diciendo: Por camino de gentiles no vayáis, y en ciudad de samaritanos no entréis,".*

Lucas 9:1-6; *"Habiendo reunido a sus doce discípulos, les dio poder y autoridad sobre todos los demonios, y para sanar enfermedades. Y los envió a predicar el reino de Dios, y a sanar a los enfermos. Y les dijo: No toméis nada para el camino, ni bordón, ni alforja, ni pan, ni dinero; ni llevéis dos túnicas. Y en cualquier casa donde entréis, quedad allí, y de allí salid. Y dondequiera que no os recibieren, salid de aquella ciudad, y sacudid el polvo de vuestros pies en testimonio contra ellos. Y saliendo, pasaban por todas las aldeas, anunciando el evangelio y sanando por todas partes."*

Lucas 10:1-12; *"Después de estas cosas, designó el Señor también a otros setenta, a quienes envió de dos en dos delante de él a toda ciudad y lugar adonde él había de ir. Y les decía: La mies a la verdad es mucha, más los obreros pocos; por tanto, rogad al Señor de la mies que envíe obreros a su mies. Id; he aquí yo os envío como corderos en medio de lobos. No llevéis bolsa, ni alforja, ni calzado; y a nadie saludéis por el camino. En cualquier casa donde entréis, primeramente decid: Paz sea a esta casa. Y si hubiere allí algún hijo de paz, vuestra paz reposará sobre él; y si no, se volverá a vosotros. Y posad en aquella misma casa, comiendo y bebiendo lo que os den; porque el obrero es digno de su salario. No os paséis de casa en casa. En cualquier ciudad donde entréis, y os reciban, comed lo que os pongan delante; y sanad a los enfermos que en ella haya, y decidles: Se ha acercado a vosotros el reino de Dios. Más en cualquier ciudad donde entréis, y no os reciban, saliendo por sus calles, decid: Aun el polvo de vuestra ciudad, que se ha pegado a nuestros pies, lo sacudimos contra vosotros. Pero esto sabed, que el reino de Dios se ha acercado a vosotros. Y os digo que en aquel día será más tolerable el castigo para Sodoma, que para aquella ciudad."*

Mateo 28:16-20; *"Pero los once discípulos se fueron a Galilea, al monte donde Jesús les había ordenado. Y cuando le vieron, le adoraron; pero algunos dudaban. Y Jesús se acercó y les habló diciendo: Toda potestad me es dada en el cielo y en la tierra. Por tanto, id, y haced discípulos a todas las naciones, bautizándolos en el nombre del Padre, y del Hijo, y del Espíritu Santo; enseñándoles que guarden todas las cosas que os he mandado; y he aquí yo estoy con vosotros todos los días, hasta el fin del mundo. Amén."*

Marcos 16:15-20 *"Y les dijo: Id por todo el mundo y predicad el evangelio a toda criatura. El que creyere y fuere bautizado, será salvo; más el que no creyere, será condenado. Y estas señales seguirán a los que creen: En mi nombre echarán fuera demonios; hablarán nuevas lenguas; tomarán en las manos serpientes, y si bebieren cosa mortífera, no les hará daño; sobre los enfermos pondrán sus manos, y sanarán. Y el Señor, después que les habló, fue recibido arriba en el cielo, y se sentó a la diestra de Dios. Y ellos, saliendo, predicaron en todas partes, ayudándoles el Señor y confirmando la palabra con las señales que la seguían. Amén".*

Y conteste las siguientes preguntas:

1. ¿El Señor Jesús confiaba en sus discípulos?_____ ¿Por qué? _____
   _____

2. ¿Les delegó responsabilidades?_____ ¿Cuáles? _____

3. ¿Les dio autoridad? _____ ¿Para qué? _____

4. ¿Tenía un presupuesto?_____ ¿Para qué? _____

5. ¿Sabe usted delegar? _____ ¿Cómo lo hace? _____

6. ¿Confía usted en sus colaboradores? _____

7. ¿Cómo lo demuestra? _____

SERIE ABC de la Administración

SECCIÓN 8
LA DIRECCIÓN

"Así ha dicho Jehová, Redentor tuyo, el Santo de Israel: Yo soy Jehová Dios tuyo, que te enseña provechosamente, que te encamina por el camino que debes seguir. ¡Oh, si hubieras atendido a mis mandamientos! Fuera entonces tu paz como un río, y tu justicia como las ondas del mar." Isaías 48:17-18

Dirección es impulsar, coordinar y vigilar las actividades de cada miembro de la organización con el fin de asegurar el cumplimiento del plan. La tendencia humana es la inconstancia, pero se combate con la buena dirección.

I. La dirección abarca.

1. Motivación.
2. Relaciones humanas.
3. Comunicación.

4. Recursos y su aprovechamiento.

5. La toma de decisiones.

Para la buena dirección es necesario: **EL LIDERAZGO.**

A. Definición de dirección:

1. Es hacer que las personas tomen una acción efectiva.

2. Es guiar y supervisar a los subordinados para que ellos lleven a cabo sus tareas con eficiencia.

B. Sinónimos de la palabra dirección:

1. Ejecución
2. Coordinación
3. Supervisión

En la dirección vemos al líder en acción.

CÓMO DIRIGIR

II. La motivación.

A. Como motivar *(Por Dr. Howard Hendricks).*

Poner en acción a un hombre, es el principal problema en el proceso administrativo.

B. Motivo:
Es aquel factor interno en el individuo que le lleva a tomar una acción determinada. Hay dos clases de motivaciones: Las internas y las externas. ¿Cómo hacer que las personas se motiven?

1. Exponga a las personas a la realidad: Se motiva creando una necesidad mediante la cual se expone la realidad. Por ejemplo: No basta decir a una persona que evangelice, es necesario que vea la necesidad de evangelizar, para disponerse a aprender.

2. Estimule y desarrolle la responsabilidad: Cada vez que usted da una responsabilidad pequeña o insignificante a una persona que es capaz de hacerlo por sí misma, usted le está convirtiendo en un lisiado emocional.

LAS RESPONSABILIDADES ESTIMULAN EL DESARROLLO

3. Promueva el estímulo y el reconocimiento: La motivación mediante el estímulo y el reconocimiento crea confianza.

PROVEA ESTÍMULO Y RECONOCIMIENTO

4. Muestre cómo hacer las cosas: No solo nos concretamos a exhortar, sino que debemos asegúranos de mostrar cómo hacer las cosas.

MUESTRE CÓMO HACER LAS COSAS

5. Irradie entusiasmo personal: Si no hablamos con entusiasmo, matamos el contenido de nuestras verdades y de nuestro mensaje.

SEA ALTAMENTE CONTAGIOSO

6. Intensifique las relaciones interpersonales: La amistad, es el terreno en donde puede fructificar la motivación.

7. Disuelva las barreras emocionales: Lo que usted signifique para una persona, va a determinar la manera en que ésta persona le va a escuchar y cuánto va a poder recibir y aprender de usted.

8. Demuestre un amor incondicional: Cristo amó y aceptó incondicionalmente a sus discípulos. El amor es lo que produce lealtad, entrega y dedicación, sin necesidad de ligaduras o amenazas de ninguna especie.

9. Crea que Dios puede hacer personas de importancia: Dios llama a las personas, no por lo que son, sino por lo que pueden llegar a ser.

DIOS PUEDE HACERLE PERSONA DE IMPORTANCIA

"La motivación establece la diferencia en la conducta de los individuos". Motivar es despertar el interés de un individuo o un grupo para realizar con entusiasmo y eficiencia sus funciones de trabajo. La palabra motivar, deriva de una palabra latina *"moviere"* que se traduce como "mover".

Todo ser humano puede desarrollarse, si tan solo lo motivamos, porque ha sido creado a la imagen de Dios.

CÓMO MOTIVAR

Ahora conteste las siguientes preguntas:

1. ¿Cuáles son las cinco formas en que usted puede motivar a sus colaboradores?
   a. _____
   b. _____
   c. _____
   d. _____
   e. _____

2. ¿Cuál de todos los incisos le impacto más? _____
   ¿Por qué? _____

3. ¿De qué manera puede usted mostrar cómo se hacen las cosas? Cite dos ejemplos:
   a. _____
   b. _____

4. ¿Cómo expondría usted a las personas a la realidad?
   a. Si quieren evangelizar: _____
   b. Si quieren que la Iglesia ayude a los pobres: _____

5. ¿De qué manera está usted motivando a la Iglesia? _____

III. Cómo dirigir. El líder es un hombre entregado a una causa.

A. Desarrolle profundas convicciones personales.

1. El estudio bíblico consistente y regular: Debemos enlazar nuestra mente a la mente de Dios (pensar como él).

2. Dedicando un tiempo consistente a la meditación: Esto no es un lujo, es una necesidad para el líder (necesitamos escuchar la voz de Dios).

3. La corrección continua en nuestras vidas: ¿Qué quieres que haga?, Proverbios 3:5-6 dice: *"Fíate de Jehová de todo tu corazón y no te apoyes en tu propia prudencia"*, (actúa como él).

Romanos 14:5-8 dice: *"Uno hace diferencia entre día y día; otro juzga iguales todos los días. Cada uno esté plenamente convencido en su propia mente. El que hace caso del día, lo hace para el Señor; y el que no hace caso del día, para el Señor no lo hace. El que come, para el Señor come, porque da gracias a Dios; y el que no come, para el Señor no come, y da gracias a Dios. Porque ninguno de nosotros vive para sí, y ninguno muere para sí. Pues si vivimos, para el Señor vivimos; y si morimos, para el Señor morimos. Así pues, sea que vivamos, o que muramos, del Señor somos."*

B. Mantenga una agenda personal rigurosa.

Está es una agenda de actividades de acuerdo a las prioridades, "dejar las cosas buenas por las mejores". Lo más difícil es dirigirnos a nosotros mismos. La disciplina debe ser contemplada a la luz de los objetivos. Estudiémonos a nosotros mismos y seamos maestros conocedores de nosotros mismos.

C. Ponga todos los aspectos de su vida, subordinados a su meta.

El líder es aquel que sabe decir NO. Una sola cosa debe ocupar nuestra mente y nuestras actividades. Esto no quiere decir que se debe sacrificar a la familia. No debe haber conflicto entre las responsabilidades y las metas, el líder debe saber atender ambas cosas.

D. Esté dispuesto a tomar decisiones radicales.

Cuando decimos, "He aquí un líder de éxito" estamos diciendo también, "He aquí a un hombre de voluntad enérgica, de voluntad robusta". El motivo de las decisiones cruciales nunca deben ser los sentimientos ni las ideas personales, sino los **OBJETIVOS**.

ESTÉ DISPUESTO A TOMAR DECISIONES RADICALES

E. Abrace un sentimiento de misión y de destino.

Como los soldados. Nadie va a seguir a una persona que se sabe insignificante, y que no sabe a dónde va.

F. Aprenda a vivir con los problemas.

Aprenda a vivir con la tensión. Debemos establecer nuevas metas de rendimiento y progreso; Pablo dice, *"Yo mismo no pretendo haberlo ya alcanzado"*, (Filipenses 3:13-14).

1º OLVIDANDO: Aprendamos del pasado, pero no vivamos en él.

2º EXTENDIÉNDOME: A lo que esta adelante, al futuro.

3º PROSIGO A LA META: A los objetivos.

G. No trabaje duro, trabaje inteligentemente.

Tenemos que hacer la diferencia entre activismo y las verdaderas realizaciones.

UN LÍDER LOCO: Se agota, trabaja del amanecer hasta el anochecer, pero se ve muy poco fruto en su ministerio.

NO TRABAJE DURO

TRABAJE INTELIGENTEMENTE

UN LÍDER SABIO: Reflexiona en lo que hace, no se ve agotado, ni tenso, tampoco neurótico. Sin embargo mucho está ocurriendo a su alrededor.

Según las características de cómo dirigir, empareje los siguientes incisos:

1. Profundas convicciones   ( ) Enumerar las actividades personales de acuerdo a las prioridades.

2. Agenda personal rigurosa   ( ) Abrase su sentido de misión y de destino.

3. Como los soldados.   ( ) Estudio bíblico consistente, corrección continua en nuestra vida.

4. Filipenses 3:13-14.   ( ) Trabaje inteligentemente.

5. No trabaje duro.   ( ) Aprenda a vivir con los problemas.

IV. Características del líder para persuadir a otros.

El líder no debe ser un hombre solitario: No solo tiene una causa, sino que tiene un grupo de hombres, que él está moldeando día a día.

A. Sea altamente contagioso.

Sea un individuo que en realidad tenga "la peste" que habrá de contagiar a otros. El líder motivador es aquel que esta entregado a impartir su visión.

SEA ALTAMENTE CONTAGIOSO

B. Reciba a las personas a la luz del potencial que representan.

No vea a las personas solamente como son ahora, sino veamos en lo que pueden llegar a ser (use el discernimiento espiritual). Desarrolle una confianza interna, porque el Espíritu Santo puede transformar la vida de las personas.

C. Domine el arte de desarrollar hombres.

Esto quiere decir, ayudar a una persona a realizar al máximo su potencial. La tarea no es repartir dones, sino desarrollarlos. Si usted hace algo significativo por una persona, estará dispuesta a hacer TODO por usted como líder.

Tres principios de un equipo victorioso.

1º Ponga a su equipo en condición.
2º Enséñele lo fundamental, lo básico.
3º Enséñele a trabajar como equipo, no como individuos aislados.

D. Sea un auto-dinámico.

(Un auto-indicador), sea una persona de iniciativa. Hay dos necesidades:

1º Motivar a las otras personas.
2º Evitar que la negatividad de algunos nos desmotive. No produzca paternalismo, sino auto-iniciadores.

E. Ministre al hombre integral.

No solo a la mente, sino al corazón, a la familia, en el trabajo, en sus inquietudes, problemas, anhelos... etc.

F. Irradie simpatía, interés personal y afecto.

Un líder debe ser un hombre cariñoso que ama íntegramente. *"Nosotros le amamos a él, porque él nos amó primero."* (1 Juan 4:19).

G. Invite a las personas a comprometerse en forma específica.

Se debe invitar a las personas a una triple entrega o dedicación:

1º Que tenga una entrega total e incondicional a Jesucristo.

2º Que se entregue en el área en que trabajan con todo su corazón.

3º Que se entreguen total y absolutamente y sin reservas a la vocación a la que Dios los ha llamado, y para la cual han sido equipados con determinados dones.

1. Enumere tres de las características necesarias para persuadir a otros:

    a. _____
    b. _____
    c. _____

2. Mencione los tres principios de un equipo victorioso:

    a. _____
    b. _____
    c. _____

3. ¿El líder debe ser un hombre solitario? _____ ¿Por qué? _____
_____

4. ¿Cómo puede ministrar al hombre integral? _____
_____

V. Relaciones humanas.

Las relaciones humanas son la capacidad de relacionarse con los demás, en la forma más cordial, amistosa y sincera posible. También podemos decir que es la correspondencia y armonía entre las personas que integran un grupo que se ocupa por descubrir y analizar las necesidades comunes e individuales, y sus metas (lo que pretende recibir el grupo). Estudia las causas de los conflictos y sus soluciones.

A. Cualidades necesarias para las relaciones humanas.

1. Madurez necesaria (desarrollo mental y espiritual).

2. Comprensión.

3. Conocer las necesidades básicas del ser humano.

4. Conocer el desarrollo de los valores de cada persona.

5. Saber agradecer a los demás.

6. Motivar al grupo.

7. Guardar las confidencias.

Lea 1 Corintios 12:12-31, *"Porque así como el cuerpo es uno, y tiene muchos miembros, pero todos los miembros del cuerpo, siendo muchos, son un solo cuerpo, así también Cristo. Porque por un solo Espíritu fuimos todos bautizados en un cuerpo, sean judíos o griegos, sean esclavos o libres; y a todos se nos dio a beber de un mismo Espíritu. Además, el cuerpo no es un solo miembro, sino muchos. Si dijere el pie: Porque no soy mano, no soy del cuerpo, ¿por eso no será del cuerpo? Y si dijere la oreja: Porque no soy ojo, no soy del cuerpo, ¿por eso no será del cuerpo? Si todo el cuerpo fuese ojo, ¿dónde estaría el oído? Si todo fuese oído, ¿dónde estaría el olfato? Mas ahora Dios ha colocado los miembros cada uno de ellos en el cuerpo, como él quiso. Porque si todos fueran un solo miembro, ¿dónde estaría el cuerpo? Pero ahora son muchos los miembros, pero el cuerpo es uno solo. Ni el ojo puede decir a la mano: No te necesito, ni tampoco la cabeza a los pies: No tengo necesidad de vosotros. Antes bien los miembros del cuerpo que parecen más débiles, son los más necesarios; y a aquellos del cuerpo que nos parecen menos dignos, a éstos vestimos más dignamente; y los que en nosotros son menos decorosos, se tratan con más decoro. Porque los que en nosotros son más decorosos, no tienen necesidad;*

pero Dios ordenó el cuerpo, dando más abundante honor al que le faltaba, para que no haya desavenencia en el cuerpo, sino que los miembros todos se preocupen los unos por los otros. De manera que si un miembro padece, todos los miembros se duelen con él, y si un miembro recibe honra, todos los miembros con él se gozan. Vosotros, pues, sois el cuerpo de Cristo, y miembros cada uno en particular. Y a unos puso Dios en la iglesia, primeramente apóstoles, luego profetas, lo tercero maestros, luego los que hacen milagros, después los que sanan, los que ayudan, los que administran, los que tienen don de lenguas. ¿Son todos apóstoles? ¿Son todos profetas? ¿Todos maestros? ¿Hacen todos milagros? ¿Tienen todos dones de sanidad? ¿Hablan todos lenguas? ¿Interpretan todos? Procurad, pues, los dones mejores. Mas yo os muestro un camino aún más excelente."

Identifique los elementos para mantener buenas relaciones humanas.

_____
_____
_____
_____

B. Reglas sencillas para trabajar en armonía con otros. *(Apuntes de Melvin L. Hodges)*

1. **Actitudes personales.**

   a) Procurar comprender el punto de vista de los demás.

   b) Procurar sinceramente el éxito y el progreso del compañero.

   • Ayudarle a encontrar el lugar donde pueda trabajar mejor.

   • Expresar aprecio por los esfuerzos y éxitos ajenos.

   c) Si es necesario corregir o criticar, hacerlo con calma y a solas.

   d) Reconocer nuestros propios errores sin procurar encubrirlos o defenderlos. Aprender a decir, "Me he equivocado".

   e) No tomar una decisión que comprometa a otra persona sin consultar con ella primero.

2. Cómo trabajar como comisión o junta.

a) Consultar con todos los miembros, no solamente con uno o dos.

b) Dar lugar a una amplia discusión del problema. Procurar que todos expresen su punto de vista.

c) Presentar las objeciones mientras todos estén presentes, y no después de levantar la sesión.

d) Aprender a expresar una opinión contraria sin agitarse o perder la serenidad.

e) Estar seguro que ha entendido lo que el otro ha dicho antes de procurar contestar o refutarlo.

f) Una vez que la Junta o la Comisión llegue a un acuerdo, hay que darle curso.

g) Si los hechos indican que la comisión ha errado, pida una reconsideración de los hechos por el grupo entero. Si ha habido un error, el comité debe reconocerlo y procurar enmendarlo. No hay que insistir en una decisión mal hecha.

3. Como tratar con un problema o una queja.

a) Averiguar todos los hechos. Hay que escuchar ambos lados antes de tomar una decisión. Hay que llegar al fondo del problema y oír todas las quejas. Una queja expresada está medio remediada.

b) Deliberar y decidir. Considerar la queja sinceramente. Escuchar los detalles con paciencia y sin parcialidad. No anticipar una decisión antes de haber estudiado el problema ampliamente.

c) Si es necesario, se debe postergar la decisión. Tomar el tiempo necesario para investigar y deliberar. Dar tiempo para que el quejoso pueda recobrar su serenidad.

d) Actuar a tiempo. Si hay que postergar la decisión, hay que decir cuándo se va a tomar. Una demora innecesaria sólo agrava el problema.

e) Tomar una decisión clara. Si es favorable, explique los hechos (que se entienda que no es con motivo de favoritismo). Si es desfavorable, hay que dar los motivos e invitarles a que siempre vengan cuando tenga un problema para consultar. Seamos guiados por el amor. (1 Corintios 13).

"Si yo hablase lenguas humanas y angélicas, y no tengo amor, vengo a ser como metal que resuena, o címbalo que retiñe. Y si tuviese profecía, y entendiese todos los misterios y toda ciencia, y si tuviese toda la fe, de tal manera que trasladase los montes, y no tengo amor, nada soy. Y si repartiese todos mis bienes para dar de comer a los pobres, y si entregase mi cuerpo para ser quemado, y no tengo amor, de nada me sirve. El amor es sufrido, es benigno; el amor no tiene envidia, el amor no es jactancioso, no se envanece; no hace nada indebido, no busca lo suyo, no se irrita, no guarda rencor; no se goza de la injusticia, más se goza de la verdad. Todo lo sufre, todo lo cree, todo lo espera, todo lo soporta. El amor nunca deja de ser; pero las profecías se acabarán, y cesarán las lenguas, y la ciencia acabará. Porque en parte conocemos, y en parte profetizamos; más cuando venga lo perfecto, entonces lo que es en parte se acabará. Cuando yo era niño, hablaba como niño, pensaba como niño, juzgaba como niño; más cuando ya fui hombre, dejé lo que era de niño. Ahora vemos por espejo, oscuramente; más entonces veremos cara a cara. Ahora conozco en parte; pero entonces conoceré como fui conocido. Y ahora permanecen la fe, la esperanza y el amor, estos tres; pero el mayor de ellos es el amor."

C. Tipos de participantes en las discusiones de grupo.

TIPOS DE PARTICIPANTES EN DISCUSIONES DE GRUPO

1. **El belicoso o agresivo:** Excita la discusión acalorada y la pelea. No le contradiga. Tenga calma. Impida que monopolice la discusión.

2. **El receptivo y positivo:** (Recurso) Da mayores auxilios a la discusión. Es un buen recurso de ayuda. Permítale hablar muchas veces. Haga uso de sus conocimientos y de sus experiencias para ayuda del grupo y del tema de discusión.

3. **Él sábelo–todo:** Déjelo por cuenta del grupo. Ellos lo controlarán.

4. **El hablador:** Interrúmpalo con tacto y limíte su tiempo de hablar. Trate de desviar su conversación.

5. **El Tímido:** Hágale preguntas que sean de interés para él y fáciles de contestar. Trate que aumente la confianza en sí mismo. Cuando le sea posible, elogie su contribución a la discusión.

6. **El negativo:** No coopera ni acepta lo que expresan los demás. Explore su ambición. Dele reconocimiento a ésta y use sus experiencias y sus conocimientos para que le estimule a cambiar su actitud.

7. **El desinteresado:** Diríjale preguntas sobre sus ideas y sobre sus actividades y opiniones sobre la discusión. Reconozca sus motivos y trate de desviarle de su actitud.

8. **El apático (desdeñoso):** No le da importancia a nada de lo que se discute. Todo lo ve con desprecio. No lo critique. Si no consigue su participación continúe con su técnica sin darle mayor importancia.

9. **El preguntón persistente:** Trata de desconcertar al líder y al grupo. Dirija sus preguntas al grupo para que ellos lo dominen. Si trata de desviarse del tema dele una sola oportunidad y con tacto hágalo comprender lo importante de economizar el tiempo en la discusión.

VI. La comunicación.

La obra del Señor ha sufrido por falta de comunicación, ya que se producen rumores, hay distanciamiento, malos entendidos, divisiones, ofensas, etc.

Existen diferentes formas de comunicación:

1. Verbal --- Hablar --- Escuchar.
2. Escrita --- Escribir --- Leer.
3. No verbal --- Lenguaje corporal --- Ademanes, miradas.

Comunicación: Procede del Latín "*comunis*" que quiere decir: Unir, tener en comunión, unificar. En la Administración es indispensable la comunicación con todos los subordinados. Porque si no se entienden las instrucciones, las actividades entorpecerán el logro de los objetivos. El factor más importante en la comunicación es el receptor, y la actitud más difícil es escuchar.

Breve curso de relaciones humanas.

Las seis palabras más importantes:
"Admito que la culpa es mía".
Las cinco palabras más importantes:
"Usted lo hizo muy bien".
Las cuatro palabras más importantes:
"¿Cuál es su opinión?".
Las tres palabras más importantes:
"Hágame el favor".
Las dos palabras más importantes:
"Muchas gracias".
La palabra más importante:
"Nosotros".
La palabra menos importante:
"Yo".

VII. Los recursos y su aprovechamiento.

RECURSOS: Son el capital humano o material con que se cuenta para lograr los objetivos de toda la organización. Los pasos en el proceso de aprovechamiento de los recursos son los siguientes:

1. Selección.
2. Adiestramiento.
3. Valoración.
4. Supervisión.
5. Productividad.
6. Control de calidad (conservación).

Enumere 5 recursos con los que cuenta en su Iglesia.

1. _____
2. _____
3. _____
4. _____
5. _____

VIII. La toma de decisiones.

A. Tres líderes peligrosos:

1. **El autocrático:** Toma decisiones firmes y rápidas pero unilateralmente.
2. **El indeciso:** Nunca puede tomar decisiones. Es de doble ánimo, (Santiago 1:8; *"El hombre de doble ánimo es inconstante en todos sus caminos."*)
3. **El voluble:** El que cambia de decisiones, y retrocede constantemente.

B. Pasos necesarios para tomar decisiones:

    1. Estudiar todos los factores (buenos y malos).

    2. Considerar las alternativas (opciones).

    3. Elegir un curso de acción.

¿Qué tipo de líder es usted? _____

¿Ha seguido los pasos necesarios para tomar una decisión? _____
_____
_____

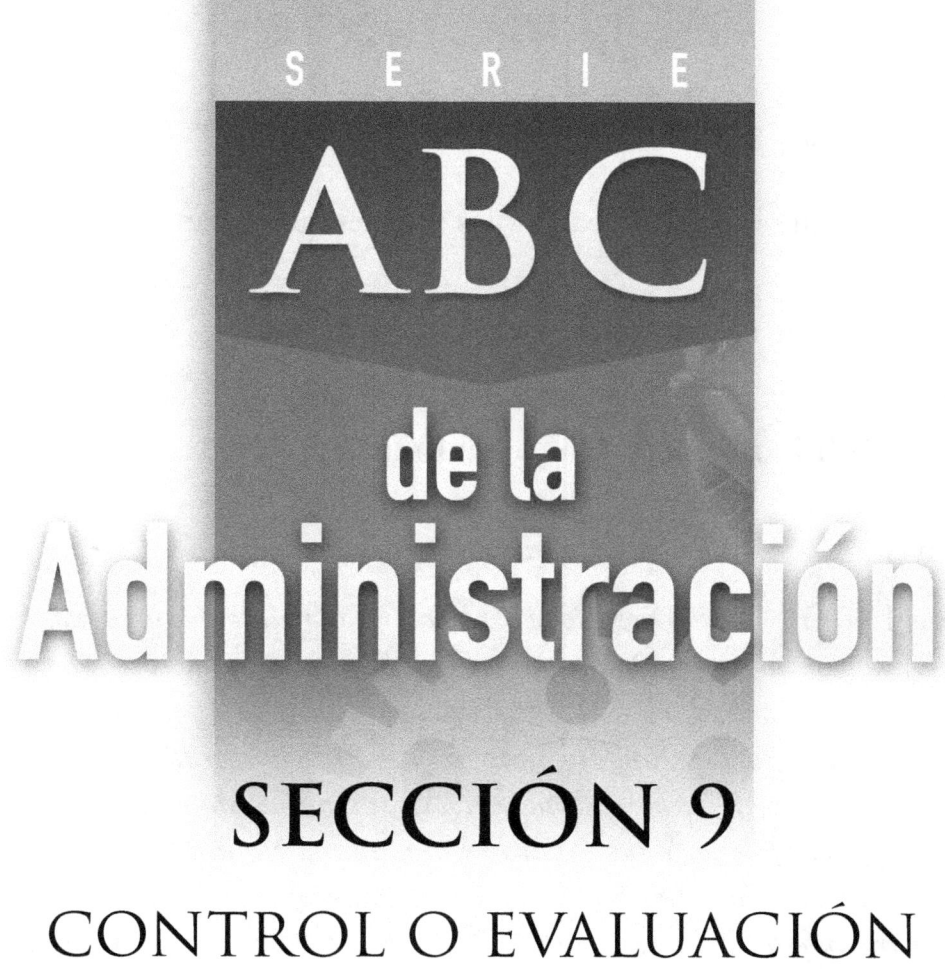

SECCIÓN 9
CONTROL O EVALUACIÓN

Y llamó Dios a lo seco Tierra, y a la reunión de las aguas llamó Mares. Y vio Dios que era bueno. Génesis 1:10.

I. Definición de control o evaluación.

Existen varias definiciones:

A. "Compare lo obtenido con lo esperado" *(Calderón)*.

B. "Asegurar que la realización se ajuste al plan" *(Luna)*.

C. "Es la medición de los resultados actuales y pasados en relación con los esperados, con el fin de corregir, mejorar y formular nuevos planes" *(Reyes Ponce)*.

D. "Es ver que cada cosa sea hecha de acuerdo con el plan que se ha adoptado, la organización que se ha establecido y las ordenes que se han dado" *(Gulick y Urwick).*

E. Controlar es evaluar.

II. Ejemplos bíblicos de control o evaluación.

A. Dios evaluó. *"Y vio Dios que era bueno en gran manera".*

Génesis 1:10-31 "llamó Dios a lo seco Tierra, y a la reunión de las aguas llamó Mares. <u>Y vio Dios que era bueno</u>. Después dijo Dios: Produzca la tierra hierba verde, hierba que dé semilla; árbol de fruto que dé fruto según su género, que su semilla esté en él, sobre la tierra. Y fue así. Produjo, pues, la tierra hierba verde, hierba que da semilla según su naturaleza, y árbol que da fruto, cuya semilla está en él, según su género. <u>Y vio Dios que era bueno</u>. Y fue la tarde y la mañana el día tercero. Dijo luego Dios: Haya lumbreras en la expansión de los cielos para separar el día de la noche; y sirvan de señales para las estaciones, para días y años, y sean por lumbreras en la expansión de los cielos para alumbrar sobre la tierra. Y fue así. E hizo Dios las dos grandes lumbreras; la lumbrera mayor para que señorease en el día, y la lumbrera menor para que señorease en la noche; hizo también las estrellas. Y las puso Dios en la expansión de los cielos para alumbrar sobre la tierra, y para señorear en el día y en la noche, y para separar la luz de las tinieblas. <u>Y vio Dios que era bueno</u>. Y fue la tarde y la mañana el día cuarto. Dijo Dios: Produzcan las aguas seres vivientes, y aves que vuelen sobre la tierra, en la abierta expansión de los cielos. Y creó Dios los grandes monstruos marinos, y todo ser viviente que se mueve, que las aguas produjeron según su género, y toda ave alada según su especie. <u>Y vio Dios que era bueno</u>. Y Dios los bendijo, diciendo: Fructificad y multiplicaos, y llenad las aguas en los mares, y multiplíquense las aves en la tierra. Y fue la tarde y la mañana el día quinto. Luego dijo Dios: Produzca la tierra seres vivientes según su género, bestias y serpientes y animales de la tierra según su especie. Y fue así. E hizo Dios animales de la tierra según su género, y ganado según su género, y todo animal que se arrastra sobre la tierra según su especie. <u>Y vio Dios que era bueno</u>. Entonces dijo Dios: Hagamos al hombre a nuestra imagen, conforme a nuestra semejanza; y señoree en los peces del mar, en las aves de los cielos, en las bestias, en toda la tierra, y en todo animal que se arrastra sobre la tierra. Y creó Dios al hombre a su imagen, a imagen de Dios lo creó; varón y hembra los creó. Y los bendijo Dios, y les dijo: Fructificad y multiplicaos; llenad la tierra, y sojuzgadla, y señoread en los peces del *mar, en las aves de los cielos, y en todas las bestias que se mueven sobre la tierra. Y dijo Dios: He aquí que os he dado toda planta que da semilla, que está sobre toda la tierra, y todo árbol en que hay fruto y que da semilla; os serán para comer. Y a toda bestia de la tierra, y a todas las aves de los cielos, y a todo lo que se arrastra sobre la tierra, en que hay vida, toda planta verde les será para comer. Y fue así. Y vio Dios todo lo que había hecho, y <u>he aquí que era bueno en gran manera</u>. Y fue la tarde y la mañana el día sexto.*

B. Jesús evaluó a sus discípulos.

Lea Marcos 6:7, 12, 13, *"Después llamó a los doce, y comenzó a enviarlos de dos en dos; y les dio autoridad sobre los espíritus inmundos.", "12 Y saliendo, predicaban que los hombres se arrepintiesen. 13 Y echaban fuera muchos demonios, y ungían con aceite a muchos enfermos, y los sanaban."*

Y Marcos 6:30 y 31, *"Entonces los apóstoles se juntaron con Jesús, y le contaron todo lo que habían hecho, y lo que habían enseñado. Él les dijo: Venid vosotros aparte a un lugar desierto, y descansad un poco. Porque eran muchos los que iban y venían, de manera que ni aun tenían tiempo para comer."*

C. Pablo evalúo su propia vida.

Lea 2ª Corintios 11:16-33, dice: *"Otra vez digo: Que nadie me tenga por loco; o de otra manera, recibidme como a loco, para que yo también me gloríe un poquito. Lo que hablo, no lo hablo según el Señor, sino como en locura, con esta confianza de gloriarme. Puesto que muchos se glorían según la carne, también yo me gloriaré; porque de buena gana toleráis a los necios, siendo vosotros cuerdos. Pues toleráis si alguno os esclaviza, si alguno os devora, si alguno toma lo vuestro, si alguno se enaltece, si alguno os da de bofetadas. Para vergüenza mía lo digo, para eso fuimos demasiado débiles. Pero en lo que otro tenga osadía (hablo con locura), también yo tengo osadía. ¿Son hebreos? Yo también. ¿Son israelitas? Yo también. ¿Son descendientes de Abraham? También yo. ¿Son ministros de Cristo? (Como si estuviera loco hablo.) Yo más; en trabajos más abundante; en azotes sin número; en cárceles más; en peligros de muerte muchas veces. De los judíos cinco veces he recibido cuarenta azotes menos uno. Tres veces he sido azotado con varas; una vez apedreado; tres veces he padecido naufragio; una noche y un día he estado como náufrago en alta mar; en caminos muchas veces; en peligros de ríos, peligros de ladrones, peligros de los de mi nación, peligros de los gentiles, peligros en la ciudad, peligros en el desierto, peligros en el mar, peligros entre falsos hermanos; en trabajo y fatiga, en muchos desvelos, en hambre y sed, en muchos ayunos, en frío y en desnudez; y además de otras cosas, lo que sobre mí se agolpa cada día, la preocupación por todas las iglesias. ¿Quién enferma, y yo no enfermo? ¿A quién se le hace tropezar, y yo no me indigno? Si es necesario gloriarse, me gloriaré en lo que es de mi debilidad. El Dios y Padre de nuestro Señor Jesucristo, quien es bendito por los siglos, sabe que no miento. En Damasco, el gobernador de la provincia del rey Aretas guardaba la ciudad de los damascenos para prenderme; y fui descolgado del muro en un canasto por una ventana, y escapé de sus manos.*

D. Jesús nos enseñó a evaluar nuestro trabajo.

Mire Lucas 17:10, *"Así también vosotros, cuando hayáis hecho todo lo que os ha sido ordenado, decid: Siervos inútiles somos, pues lo que debíamos hacer, hicimos."*

E. Pablo evaluaba a sus Iglesias. "Para ver cómo estaban".

Lea 2ª Corintios 8:6-11, *"de manera que exhortamos a Tito para que tal como comenzó antes, asimismo acabe también entre vosotros esta obra de gracia. Por tanto, como en todo abundáis, en fe, en palabra, en ciencia, en toda solicitud, y en vuestro amor para con nosotros, abundad también en esta gracia. No hablo como quien manda, sino para poner a prueba, por medio de la diligencia de otros, también la sinceridad del amor vuestro. Porque ya conocéis la gracia de nuestro Señor Jesucristo, que por amor a vosotros se hizo pobre, siendo rico, para que vosotros con su pobreza fueseis enriquecidos. Y en esto doy mi consejo; porque esto os conviene a vosotros, que comenzasteis antes, no sólo a hacerlo, sino también a quererlo, desde el año pasado. Ahora, pues, llevad también a cabo el hacerlo, para que como estuvisteis prontos a querer, así también lo estéis en cumplir conforme a lo que tengáis."*

Y Hechos 15:36, *"Después de algunos días, Pablo dijo a Bernabé: Volvamos a visitar a los hermanos en todas las ciudades en que hemos anunciado la palabra del Señor, para ver cómo están."*

Siga las instrucciones y conteste las siguientes preguntas:

1. ¿Usted cree necesario evaluar? _____ ¿Por qué? _____
   _____
   _____
   _____

2. ¿Qué definición de control le parece más completa? _____
   ¿Por qué? _____
   _____
   _____

3. ¿Para usted que es controlar? _____
   _____
   _____

III. Como mejorar la técnica de supervisar.

A. Sentido de responsabilidad. El líder cristiano modelo es aquel que dice como Pablo: "*¿Quién enferma, y yo no enfermo? ¿A quién se le hace tropezar, y yo no me indigno?*" (2 Corintios 11:29). Como buen líder:

1. Deberá cuidar de las personas a su cargo.

2. Es responsable del buen uso y conservación de las cosas que se le han confiado.

3. Es responsable del éxito o del fracaso de la actividad.

B. Iniciativa propia. No se espera que el líder, ya sea general o paternal, cambie las disposiciones de la organización y haga lo que quiera, pero si debe tener capacidad para adaptar, y hasta cierto grado transformar algunas órdenes. Servir únicamente como mensajero o cable transmisor, no es ser un verdadero líder.

C. Saber convencer. Es la táctica más deseada en un líder, la que le puede producir incontables beneficios en la tarea de supervisar, es saber convencer a otros para que apoyen por su propio gusto en lo que él quiere. Para esto, es bueno optar por no contrariar las ideas del prójimo. El gran éxito de Sócrates, filósofo  griego que murió cuatro siglos A. C., se debió a su método de preguntas positivas que obligaban a sus opositores a decir que "sí", y por ende, a estar de acuerdo con él. Para que una persona diga si, debe haber algo a su favor. Recordemos el caso del pastor que lucha inútilmente por conducir a un ternero al establo; alguien que pasaba, le dio el consejo de untarse leche en la mano y acercársela a la nariz del animal. El ternero siguió al pastor hasta llegar al destino deseado.

D. Estar inundado de entusiasmo. El entusiasmo es como el fuego, se transmite al contacto. Se ha comprobado que hace más una persona que está interesada que cuando es obligada a hacer algo. Por lo tanto, el buen líder, cuando quiere que su grupo rinda al máximo, tratará de comunicar entusiasmo y alegría en lugar de temor y amenazas. Una persona entusiasta contagia e inspira a los demás para hacer cosas en forma excelente.

E. Saber delegar. Se ha dicho con sobrada razón que "es preferible que 10 hagan el trabajo de uno, y no que uno haga el trabajo de 10". Hay que saber a quienes se está delegando responsabilidades y autoridad; pero una vez seguro de conocer el terreno, téngase confianza en otros. "Líder desconfiado es líder inseguro".

F. Saber coordinar. Se coordina mediante una clara y amplia comunicación entre los miembros. Esto se logra solamente cuando el pastor-administrador sabe lo que está haciendo.

G. Ser recto en la disciplina. No se admiten preferencias en un grupo, especialmente en la Iglesia. Esto no significa que el líder sea un déspota o un ingrato; ser amable, considerado y perdonador le hará un guía de estimación. La misericordia nunca está en pugna con la justicia.

H. Ser persistente. Individualmente ocurrirán disgustos y habrá dificultades, pero ***"perseverad hasta el fin"*** es un supremo requerimiento para alcanzar el triunfo.

Copiado de: W Calderón. La Administración en la Iglesia Cristiana. Pp. 126-128.

1. Enumere tres cualidades para supervisar mejor:
    a. _____
    b. _____
    c. _____

2. Explique en sus propias palabras que es iniciativa propia:
    _____
    _____

3. Explique en sus propias palabras que es ser persistente:
    _____
    _____

Actitudes del líder para controlar.

El Control comienza con una actitud del líder.

1. Estar convencido de que vale la pena evaluar.

2. Estar motivado para evaluar (para mejorar el trabajo).

3. Que tenga objetividad para evaluar.

Objetividad: Es tener una actitud dispuesta para recibir la crítica o la evaluación.

IV. Elementos palpables necesarios para un buen control.

A. Registros.

1. De asistencia.

2. De tesorería.

B. Informes por escrito para guardar un archivo.

C. Datos estadísticos.

D. Gráficos, videos, proyector.

E. Actas. Estás son documentos de trabajo, se tienen que enviar copias a todos los interesados, para que cada uno entienda el trabajo que tiene que realizar.

F. Toda la planificación tiene que estar por escrito.

G. Observaciones que se van haciendo en el transcurso de las actividades.

H. Sugerencias que se van anotando, para comentarlas en cada evaluación y así hacer las enmiendas necesarias.

V. Los cuatro aspectos de la evaluación del personal.

A. Analizar la actuación de cada uno. Este análisis debe ser positivo hasta donde sea posible y debe hacerse en diálogo franco y equilibrado con la persona en cuestión, aún en el caos de la adversidad; en caso de que la persona evaluada haya fallado. Le ayudará mucho la comprensión y la consideración de su jefe; los reclamos e insultos crean cierta coraza de resistencia y autodefensa de parte de un individuo, lo cual no le permitirá reconocer sus errores, ni ver el punto de vista de su superior. Los mejores líderes son aquellos que en momentos adversos prefieren ser positivos, amables y considerados; y como resultado han recibido disculpas, enmiendas y bellas promesas de aquellos que han fallado. En tales ocasiones lo mejor que uno puede hacer es lo que recomendaba Dale Carnegie: "Permita que el prójimo salve su prestigio". Esto no significa sin embargo, que haya disciplina, rigor y hasta severidad.

B. Mejorar la capacitación. Sobre las bases de un sincero reconocimiento de los triunfos y también de las fallas observadas durante las actividades, los líderes deberán reanudar el proceso de la capacitación. Una persona está dispuesta a recibir orientación sobre situaciones ya experimentadas. Nada se aprende mejor que aquello que responde a nuestras dudas, inquietudes y dificultades de la vida experimental.

C. Otorgar, como el caso lo demande algún tipo de recompensa y estímulo. Muchos son los que han dejado de cooperar debido a que no se les estimuló por el deber cumplido. La no-compensación, los bajos salarios y la explotación de las clases laborales son los fenómenos sociales que están carcomiendo las bases ideológicas de nuestros países subdesarrollados; esta situación está arrastrando la suerte de nuestros pueblos a una desesperada huida hacia los sistemas totalitarios y anticristianos en busca de ayuda. Recordemos que la Iglesia no es una agencia social principalmente; y que para mantenerse a una altura moral fija, debe proclamar únicamente a *"Jesucristo y a éste crucificado"* (1 Corintios 2:2), pero el Evangelio es un mensaje de amor e igualdad en Dios. Se espera que la administración cristiana sirva de modelo y lección a la administración material. A los que obedecen se les pide que lo hagan con temor y temblor, con sencillez de vuestro corazón, como a Cristo; no sirviendo al ojo, como los que quieren agradar a los hombres. "Pero también dice a los que mandan que dejen las amenazas, y que para el Señor no hay acepción de personas. Lea Efesios 6:5-9, *"Siervos, obedeced a vuestros amos terrenales con temor y temblor, con sencillez de vuestro corazón, como a Cristo; no sirviendo al ojo, como los que quieren agradar a los hombres, sino como siervos de Cristo, de corazón haciendo la voluntad de Dios; sirviendo de buena voluntad, como al Señor y no a los hombres, sabiendo que el bien que cada uno hiciere, ése recibirá del Señor, sea siervo o sea libre. Y vosotros, amos, haced con ellos lo mismo, dejando las amenazas, sabiendo que el Señor de ellos y vuestro está en los cielos, y que para él no hay acepción de personas."*

D. Hacer las modificaciones necesarias para mejorar la administración. El progreso es esencial para la verdadera existencia. Cada día se aprenden cosas nuevas, los que hoy están en peores condiciones que ayer, son personas fatalistas y estancadas. Es necesario mejorar cada día, y no hay razón para no mejorar en la administración de la Iglesia.

Copiado de W. Calderón. La Administración en la Iglesia Cristiana. Ed. Vida 1982. Pp. 134-135.

1. ¿Qué elementos utiliza usted cuando evalúa?
   _____

2. Si usted no evalúa explique; ¿Por qué no lo hace?
   _____

3. ¿Usted solicita informes escritos de sus colaboradores? _____
   ¿Por qué? _____
   _____

4. ¿Cuál de los cuatro aspectos de la evaluación del personal le parece más importante? _____
   _____

   ¿Por qué? _____
   _____

5. ¿Usted cree necesario implementar en su ministerio una auto-evaluación? _____ ¿Por qué? _____

6. ¿Cómo lo haría? _____
   _____

7. ¿Usted cree que un examen es una evaluación? _____

VI. Problemas.

La dinámica de trabajar con personas crea problemas (los problemas son normales).

El director entra en contacto con un problema, cuando:

1. Se descubre una actitud anormal.
2. El personal solicita su intervención.
3. El mismo dirigente ocasiona el problema.
   a. Parcialidad o favoritismo.

b. El pecado del líder.

c. Cuando se delega pero no se da libertad para actuar.

d. Cuando no hay comunicación.

e. Cuando decide solo.

VII. Pasos para resolver los problemas.

Siempre habrá problemas pero se pueden usar para bien, mire lo que dice Romanos 8:28, *"Y sabemos que a los que aman a Dios, todas las cosas les ayudan a bien, esto es, a los que conforme a su propósito son llamados."*

1. Identifíquelo: Vea qué tipo de problema es.

2. Investigar las causas: Quién o qué ocasionó el problema.

3. Enumerar las opciones: Vea cuáles son las alternativas que se pueden seguir.

4. Llevar a cabo la mejor opción: Poner en práctica la mejor alternativa.

A continuación siga las instrucciones que se le dan al pie de la letra.

1. En una hoja aparte escriba un plan personal de cómo mejorar su ministerio en el transcurso del próximo año. Hágalo con dos puntos principales:

    a. ¿Dónde está ahora?

    b. ¿Dónde estará el próximo año?

2. Póngalo en práctica.

AUTOEVALUACIÓN DEL LÍDER

	Excelente	Bueno	Regular	Malo
I. En lo personal.				
1. ¿Cómo le estimulan a usted nuevos contactos y experiencias?, ¿Los busca tener?				
2. ¿Tiene usted un claro objetivo de lo que desea alcanzar durante el año, aun desde este momento?				
3. ¿Cómo califica su hábito de estudiar y leer en preparación para ser un buen dirigente?				
4. ¿Cómo es su iniciativa para confrontar problemas?				
5. ¿Cómo es su habilidad para tomar decisiones imparciales e inmediatas?				
6. ¿Cómo califica su independencia y fuerza de voluntad para llevar a cabo las tareas comenzadas?				
7. ¿Qué clase de voluntad tiene para tomar decisiones correctas que usted sabe que no van a darle mucha popularidad?				
8. ¿Con qué clase de fervor y entusiasmo desempeña sus tareas?				
9. ¿Hasta qué punto puede usted aguantar la crítica adversa sin perder la calma?				
10. ¿Cómo es su sentido del humor?				
11. ¿Tiene usted la capacidad de guardar información confidencial?				
12. ¿Cómo es su lealtad para con su grupo y su Iglesia?				
13. ¿Qué dominio ejerce usted sobre sus sentimientos y comportamiento, especialmente en un momento de crisis?				

	Excelente	Bueno	Regular	Malo
II. En la responsabilidad.				
14. ¿Es completo su conocimiento de los métodos y habilidades necesarios para la tarea asignada?				
15. ¿Cómo es su habilidad para percibir y pesar los factores inherentes de algún problema?				
16. ¿Hasta qué grado puede usted llevar a cabo sus tareas sin empuje ajeno?				
17. ¿Hasta qué punto puede usted resistir el desánimo por falta de finanzas?				
18. ¿Hasta qué grado se adhiere a su plan de trabajo (su agenda)?				
19. ¿Cómo es su talento para organizar el personal, planear los detalles del proyecto y el horario de modo que todo resulte en un proyecto unificado y efectivo?				
20. ¿Es usted fiel para conseguir toda la información accesible y necesaria para considerar cualquier problema				
III. En su habilidad de trabajo con otros.				
21. ¿Procura usted delegar áreas de trabajo a otros?				
22. ¿Con qué franqueza evalúa usted su propio trabajo?				
23. ¿Hasta qué punto se sienten cómodos los demás trabajando con usted?				
24. ¿Con qué frecuencia agradece usted lo que hacen los demás?				
25. ¿Hasta qué punto desea usted que los demás tengan éxito sin la intervención suya?				

	Excelente	Bueno	Regular	Malo
26. ¿Cuál es su habilidad para inspirar a los demás a crear sus propias ideas y motivarlos a la acción?				
27. ¿Qué capacidad tiene usted para seleccionar a las personas más aptas para una tarea?				
28. ¿Qué oportunidad da usted a otros miembros del grupo de expresar sus opiniones, aunque sean contrarias a las suyas?				
29. ¿Hasta qué punto sabe usted cuando ofrecer crítica y cuándo es mejor dar una palabra de elogio?				
30. ¿Qué nivel práctico de autodisciplina ha descubierto usted en el que puede vivir gustosamente?				
IV. En la evaluación				
31. ¿Hasta qué punto aprende usted de sus errores?				
32. ¿Qué esfuerzo hace para comparar el progreso realizado con los objetivos fijados?				

Epílogo

Tiempo de actuar

Todo inicio tiene un final. Hemos recorrido 9 secciones en el maravilloso aprendizaje del *ABC de la Administración,* y pareciera ser que hemos logrado la meta. Permíteme decirte que no se aprende algo hasta que no se pone en práctica.

Hemos estudiado y definido lo que es la administración, planificación, organización, dirección, y control. Ahora aprendimos a revalorar el tiempo como un recurso intangible-tangible, no renovable, no acumulable y que no se puede estirar (nadie puede tener días de 25 horas). Todos contamos con 24 horas al día, con 7 días a la semana, con 12 meses de 30 días y años de 365 días. Hoy más que nunca tenemos que aprovechar al máximo el tiempo.

Ahora podemos hacer planes, descripciones de trabajo, organigramas, calendarios, agendas, y muchas cosas más que aprendimos en el trascurso de esta gran aventura.

Pero ahora viene la etapa más difícil de haber terminado la lectura y los ejercicios del libro. Es el momento de poner en práctica todo lo aprendido en cada una de las áreas de nuestra vida diaria.

Si queremos obtener mejores resultados que en el pasado, tenemos que hacer cosas diferentes.

Es tu día de poner en práctica, de actuar, de moverte, y de accionar. Tienes que manejar tu agenda, tus presupuestos, tus horarios, y tu iniciativa sin caer en la esclavitud o prisión de una camisa de fuerza. Utiliza cada una de las herramientas a tu favor, no te esclavices a ellas.

Haz de tu hogar un lugar de armonía, convivencia, orden y metas logradas. Que tu trabajo sea un motivo para superarte, para lograr metas postergadas, ascensos detenidos, y aumentos de salarios por mejores resultados en la ejecución de tus responsabilidades.

Que tu iglesia y ministerio, logren su razón de ser: "Ser testigos de Jesucristo, haciendo discípulos y amando a las personas".

Ve paso a paso, haz los cambios necesarios paulatinamente; para que no te frustres, ni te desanimes. Probablemente no obtengas los resultados inmediatamente, pero con persistencia y constancia, lograras ser un excelente y fiel administrador de tu vida, tus recursos, tu familia y ministerio, y entonces te darás cuenta que con disciplina, empeño, constancia y la bendición de Dios, ***todo se puede lograr.***

ES TIEMPO DE ACTUAR.

GLOSARIO

ADMINISTRADOR: Es el encargado de idear y realizar por medio de todos los elementos disponibles (humanos o materiales) todas las actividades de la empresa.

ADMINISTRACIÓN CRISTIANA: Es el proceso por el cual la Iglesia como un cuerpo alcanza sus objetivos, a través de sus miembros, mediante una planificación, organización, dirección y control efectivo.

ARMONIOSA: Que es agradable al oído. Que tiene armonía, correspondencia o proporción entre sus partes.

AUTÓCRATA: Persona que ejerce por si sola autoridad suprema.

AUTORITARIO: Que se funda solo en la autoridad. Extremo partidario de la autoridad. Mandón, exigente.

BENÉVOLO: Que tiene buena voluntad hacia otros.

CACIQUE: Tirano, mandón. Persona que usa indebidamente su autoridad e influencia.

COERCITIVO: El que sujeta, refrena o restringe la libertad de acción.

COMUNICACIÓN: Acción de comunicar o comunicarse (trato entre personas).

CONSTITUTIVO: El que establece un orden a seguir.

CONSULTIVO: El que pregunta o consulta respecto a un asunto.

DEBERES: Obligaciones que incumben a cada uno por razón de su estado, oficio, trabajo, etc.

DESARROLLO: Proceso por el cual se lleva a cabo una actividad.

DÉSPOTA: Persona que gobierna sin sujeción a la ley, que trata con dureza a sus subordinados.

DICTADOR: Jefe supremo que ejerce poder absoluto en un estado.

DINÁMICA: Fuerza que produce movimiento.

DISTRIBUCIÓN: Acción y efecto de distribuir o repartir algo.

EFICIENCIA: Poder y facultad, aptitud de producir el efecto deseado.

EJECUTIVOS: Jefes o encargados de hacer cumplir las leyes.

ENSEÑOREARSE: Hacerse señor y dueño de una cosa, dominarla.

ESPONTANEIDAD: Movimiento que se produce sin intención.

EQUITATIVO: Igualdad, justicia.

ÉXITO: Resultado feliz de un negocio, acción o trabajo.

EXPLOTADOR: El que solo saca ventaja o provecho personal. Persona que saca provecho indebido de alguien.

FRUSTRACIÓN: Privar a uno de lo que esperaba, dejar sin efecto un propósito, malograr un intento.

FUERZA MOTRIZ: Energía que mueve a un motor o a una estructura.

IMPERSONAL: Se dice del trato que se le da a alguien usando la tercera persona.

IMPONENTE: Que infunde admiración, respeto o miedo.

LÍDER: El que va a la cabeza o al frente de un grupo o equipo.

MAGNETISMO: Poder de atracción o sugestión que ejercen ciertas personas.

MINISTRO: El que ejecuta proyectos de otro. El que va comisionado, enviado por otra persona.

PARTICIPANTE: Persona que se involucra en una actividad y que permite a otros involucrarse.

PATERNALISTA: Padre que ejerce autoridad y protección excesiva sobre sus hijos.

PREDETERMINAR: Determinar o resolver una cosa con anticipación.

PREPOTENTE: Persona que impone su poderío.

PRIVILEGIOS: Gracia, ventaja o excepción especial que se concede a alguien, y de la cual no gozan los demás.

RACIONAL: Relativo a la razón. Facultad intelectual que juzga de las cosas con razón, discerniendo lo bueno de lo malo y lo verdadero de lo falso.

RUTINARIO: Hábito de hacer las cosas por mera práctica sin razonarlas.

SIERVO: Esclavo de un señor.

TÉCNICA: Conjunto de procedimientos y recursos de que se sirve una ciencia o arte.

TRANSACCIÓN: Acción y efecto de transigir. Trato, pacto o convenio que se hace en un negocio.

TIRANO: Se dice del que abusa de su poder o fuerza en cualquier materia.

TORNARA: Regresar al lugar de que se partió.

SIMULTÁNEO: Actividad que ocurre al mismo tiempo que otra.

Bibliografía.

Administración Pastoral. Rubén Lores, Kenneth Mulholland, Seminario Bíblico Latinoamericano, San José, Costa Rica.

Calderón, Wilfredo. <u>La administración en la iglesia cristiana</u>. Miami: Editorial Vida, 1982.

Engstrom, Ted W. y Mackenzie, R. Alec. <u>Como aprovechar el tiempo</u>. Miami: Editorial Vida, 1974.

Flippo, Edwin B. <u>Principios de administración de personal</u>. Bogotá: Editorial McGraw-Hill Latinoamérica, 1977.

Koontz, Harold y O´Donnel, Cyril. <u>Curso de administración moderna</u>. México: Libros McGraw-Hill, 1978.

Munich Galindo, Lourdes; Silis García, María Eugenia y García Martínez, José G. <u>Primer curso de administración</u>. México: Instituto Politécnico Nacional, 1977.

Reyes Ponce, Agustín. <u>Administración de empresas</u>, Primera parte. México: Editorial Limusa, 1980.

Reyes Ponce, Agustín. <u>Administración de empresas</u>, Segunda parte. México: Editorial Limusa, 1980.

Reyes Ponce, Agustín. <u>Administración de personal</u>, Primera parte. México: Editorial Limusa, 1980.

Reyes Ponce, Agustín. <u>Administración por objetivos</u>. México: Editorial Limusa, 1979.

OTROS LIBROS DEL DR. MIGUEL RAMÍREZ

Alcanzando Tus Sueños

Todo mundo tiene sueños, pero son pocos los que los alcanzan. Este libro presenta todos los aspectos que intervienen para poder alcanzar nuestros sueños, y expone de manera detallada, paso por paso cómo puedes lograrlo.

Que su Iglesia Crezca

Un excelente libro que aborda los principios del crecimiento de la Iglesia basado en el libro de los Hechos. Es un análisis profundo pero práctico que todo pastor y líder debe leer. Presenta cómo puede hacer crecer su Iglesia.

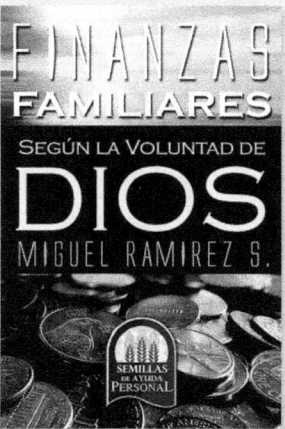

Finanzas Familiares Según la voluntad de Dios

Este libro trata de manera sencilla y muy práctica la perspectiva bíblica de la administración de nuestros recursos económicos.

OTROS LIBROS DEL DR. MIGUEL RAMÍREZ

Cuando el esposo Falla

Cuando el hombre falla genera todo un panorama oscuro en su familia, pero hay esperanza para todas aquellas familias que quieren salir adelante.

Restauración Total
Saliendo del pantano del adulterio

El adulterio es un problema social de grandes proporciones, también lo es en la esfera social cristiana. Este libro pretende aportar soluciones prácticas para cortar de raíz el problema del adulterio en una persona.

ABC de las Finanzas Familiares

Este libro es la reedición del Libro *Finanzas Familiares Según la Voluntad de Dios*. Trata de manera sencilla y muy práctica la perspectiva bíblica de la administración de nuestros recursos económicos.

OTROS LIBROS DEL DR. MIGUEL RAMÍREZ

ABC de la Liberación

El autor establece los principios bíblicos y prácticos para poder ser libre de toda influencia de demonios y para poder ministrar a todos aquellos que lo necesiten.

CONTACTO

Dr. Miguel Ramírez

mies2@hotmail.com
Cel. 333 722 25 70